tredition®

AF571412

R. N. Dobles

Nützliche Idioten

Für eine neue Epoche der extremen Aufklärung

tredition®
Verlag: tredition GmbH, Hamburg

Umschlag, Illustration:
Lektorat, Korrektorat: Christine Lier
Übersetzung:

Weitere Mitwirkende:

Verlag: tredition GmbH, Hamburg
ISBN

Paperback ISBN 978-3-7345-0190-6
Hardcover ISBN 978-3-7345-0191-3
E-Book ISBN 978-3-7345-0192-0

Printed in Germany

DANKSAGUNG

Mein Dank gilt Gabriele H.

Ohne die konstruktive Kritik dieser
Freundin gäbe es dieses Werk nicht.

Vorwort

Nicht die Lehrmeister einer Nation können bürgerliche Gesellschaften zu einem gerechteren Zusammenleben verändern. Oft sind es die Bürger des Staates selbst, die ihre Lebensbedingungen positiv wie negativ beeinflussen. Der Personenkreis der Therapeuten und Lehrer wird in der Regel zu wenig ernst genommen und, zugegeben, manches Mal auch überschätzt. Aber alleine an der geringen Nachhaltigkeit der verarbeiteten Informationen scheitern Bemühungen, kollektiv Veränderungen herbeizuführen und zu manifestieren.

Die Beschäftigung mit der seelischen Instanzenlehre Sigmund Freuds in diesem Buch soll dazu dienen, der eigenen Persönlichkeit Appetit zu machen, für eine neue aggressive Aufklärung einzustehen und für sie zu kämpfen.

Aus den psychologischen Zusammenhängen der individuellen Persönlichkeits-systeme resultieren die in Schieflage befindlichen Gegebenheiten unserer Solidargemeinschaft. Diese psychologischen Zusammenhänge zu verstehen, ist für den Kampf um eine gerechtere Gesellschaft aber wichtig. Die Zeit, für eine neue Ära der aggressiven Aufklärung zu sorgen, ist meines Erachtens überfällig. Dabei ist es von Vorteil, wenn die in Frage kommenden Aktivisten, wenn jede Frau, wenn jeder Mann das individuelle Handeln durch die Gesetzmäßigkeit und Wirkung der seelischen Instanzen für die eigene Person analysieren kann.

Den eigenen Verstand – auch beim Lesen dieses Buches – immer kritisch einzusetzen, ist das Hauptanliegen dieses Werkes. Dabei darf nicht vergessen werden, dass in erster Linie verarbeitete Informationen, die als Holschulden zu beschaffen sind, zu kritischen Urteilsbildungen führen, die gegen übernommene „Fertigmeinungen" schützen! Verlassen wir uns ausschließlich auf Nachrichten (Infos), die uns meistens als „Absolutum" serviert werden, gehören wir zu den **„Nützlichen Idioten"** für unsere Gegner, für Wichtigtuer und Psychopathen, und zugleich vergewaltigen wir - ohne Not - unseren eigenen Geist und Verstand!

Den größten Nutzen aus den folgenden Kapiteln kann meines Erachtens ein/e Leser/in dann erfahren, wenn sie/er verinnerlicht, dass es nicht darum geht, die individuelle Nichtakzeptanz der gesellschaftspolitischen Realität resignierend als extreme Leidfähigkeit zu empfinden. Dass der Background der individuellen Persönlichkeit ausschlaggebend dafür ist, für das Anliegen meiner geforderten neuen, aggressiven Aufklärung zu arbeiten, liegt klar auf der Hand.

Die überschaubare Zeitspanne, die wir Menschen auf unserem mit seinen vielfältigen Lebensformen ausgestatteten Planeten verbringen, sollte von jedem mündigen Bürger dazu genutzt werden, für bessere Lebensbedingungen zu sorgen. Ich denke dabei an bessere Lebensumstände für die gesamte Menschheit. Es ist meines Erachtens die beste Möglichkeit, unserem letztlich sinnlosen Leben in der uns zur Verfügung stehenden Lebenszeit – eben nur in dieser begrenzten Zeitspanne – einen kollektiven, wirklichen Sinn zu geben.

Um deinem Leben einen Sinn zu geben musst du dich selbst bemühen.

Was vor uns war, und was nach uns sein wird, ist im Kontext des Individuallebens ohne jede Bedeutung. „Du musst dich also nicht um die Ahnen kümmern, du musst dich auch nicht darum kümmern, was nach deinem Leben sein wird, du musst dich einzig um die mit dir Lebenden kümmern. Mit anderen Worten: Kümmere dich nicht um die Toten – von deiner Grabpflege haben deine Lieben nichts mehr –, kümmere dich um die Lebenden, sie sind die diejenigen, die deine Hilfe brauchen, so, wie du ihre Hilfe brauchst."

R. N. Dobles

NÜTZLICHE IDIOTEN

Für eine neue Epoche der extremen Aufklärung

„Jeder Mensch hegt in seiner Brust die eine oder andere unpopuläre Ansicht über Religion oder Politik. Und je intelligenter derjenige ist, desto schwerer trägt er an der Last dieser Ansichten, die er für sich behalten muss“. *Mark Twain (Privileg der Toten 1905)*	*„Wer darf das Kind beim rechten Namen nennen? Die wenigen, die was davon erkannt, Die töricht genug ihr volles Herz nicht wahrten, Dem Pöbel ihr Gefühl, ihr Schauen offenbahrten, Hat man von je gekreuzigt und verbrannt“.* Johann Wolfgang von Goethe (Faust I Originaltext)

<u>Auf dass wir uns so wenig wie möglich als nützliche Idioten missbrauchen lassen!</u>

Dieses Buch ist geschrieben in Kenntnis, Bewunderung und Ehrfurcht vor den menschlichen Hochleistungen in vielen Bereichen unseres Lebens. Stellvertretend seien hier nur die Leistungen der Künste, der Technik, des selbstlosen sozialen

Engagements und die herausragenden Leistungen menschlicher Genies, wenn sie denn zum Wohle der Menschheit geleistet wurden, genannt.

Auch in aktuellen, verschiedenen Lebensbereichen des menschlichen Zusammenlebens gibt es sehr viel Positives, was durchaus erwähnenswert wäre. Detailausführungen hierüber sind jedoch zu vernachlässigen, weil als Wunschvorstellung davon auszugehen ist, dass alle Umstände und Dinge, die dem Wohle der Menschen dienen, der Masse der Menschen als ***Normalzustand*** begreiflich gemacht werden müssen. Dass wir Menschen während unserer kurzen Lebensdauer zum Leiden und zum Verzicht auf unserem Planeten wandeln sollen, macht nur für jene religiösen und weltlichen Protagonisten einen Sinn, die an den Leistungen ihrer Mitmenschen gewissenlos und übermäßig profitieren wollen. Dass unter Umständen eine gebotene situative Zurückhaltung oder gar Enthaltsamkeit des Einzelnen jederzeit angebracht sein kann, steht außer Frage!

Unerlaubtes Relativieren

Situationen und Dinge, die dem Wohle der Menschen abträglich sind, werden meist durch Hinweise auf noch schlimmere Bedingungen unter vergleichbaren Gegebenheiten oder gar in anderen Ländern relativiert. Wenn dann Besserungen tatsächlich erreicht wurden, darf nicht vergessen werden, dass diese Besserungen großen Missständen und Ungerechtigkeiten abgerungen wurden. Nicht nur in gesellschafts- und sozialpolitischer Hinsicht wird dieser Trick des Relativierens angewandt, um Versäumnisse und Fehlleistungen zu kaschieren.

Nur, dieses Relativieren ist doppelt hinterhältig, weil betroffene Benachteiligte und Nichtbetroffene damit mundtot gemacht werden, noch dazu macht es für Benachteiligte absolut keinen Sinn. Ein Beispiel aus unserem Alltag: Einem arbeitslosen Mitbürger geht es psychisch/seelisch um keinen Deut besser, wenn darauf hingewiesen wird, dass ein Großteil der arbeitsfähigen Mitbürger sehr wohl Arbeitsplätze hat.

Noch einmal: Die positiven Aspekte des menschlichen Lebens müssen als Normalzustand begriffen werden! Die Hinweise auf Besserungen, die zur Relativierung herangezogen werden, sind als Argumente zu ächten.

Wir leben in einer kolossalen Lügenwelt, für die wir alle selbst verantwortlich sind!

Mein Ekel vor den Falschheiten, Gewissenlosigkeiten, Täuschungen, Ungerechtigkeiten und Verlogenheiten, die in allen Bereichen des gesellschaftlichen Lebens gepflegt werden und in die wir alle von Anbeginn an hineinerzogen und somit hineingezwängt worden sind, sowie die Tatsache, dass wir zu wenig oder gar nichts dagegen unternehmen, sind meine Motivation dafür, hauptsächlich sich in Schieflage Befindliches aufzuzeigen und niederzuschreiben.

Die profane wie die sakrale Politik ist fast ausschließlich darauf ausgerichtet, das eigene Volk für dumm zu verkaufen. Die Öffentlichkeit nach allen Regeln der „Kunst" zu belügen, zu betrügen und suggestiv in Richtung der Eigeninteressen der Kapitalgewalt auf das Schäbigste und Übelste zu manipulieren, ist die tägliche Hauptaufgabe der wirklichen, echten asozialen Subjekte aus Politik und Religion.

Auch wenn an verschiedenen Stellen der Eindruck entstehen mag, ich hätte dieses Buch als Anklage geschrieben, betone ich ausdrücklich, dass das nicht meine Absicht ist.

Intention

Es geht mir darum, so viele Menschen wie möglich für die offenbar für die Ewigkeit festgezurrten gesellschaftlichen Hierarchien *(Gouvernementalität nach Michel Foucault)*[1] zu sensibilisieren. Es geht mir darum, meine Mitmenschen eindringlich zu bitten, ihren eigenen Verstand jederzeit kritisch einzusetzen und vehement für ihre persönliche, positive Lebensqualität zu kämpfen. Den Protagonisten aus allen Gesellschaftsschichten, die Refeudalisierungsbestrebungen immer hemmungsloser forcieren, muss der kompromisslose Kampf angesagt werden!

Verbotenes Denken

Um nachempfinden und letztlich mein Buch mit aller geistigen und emotionalen Kraft verstehen zu können, bedarf es bestimmter erworbener und/oder erfahrener Voraussetzungen: Es bedarf vor allem der persönlichen Unabhängigkeit und Fähigkeit, „verbotenes Denken" denken zu wollen, und zwar mit allen positiven wie negativen Folgen für den Denkenden. („Den Machtanspruch weltlicher und sakraler Obrigkeiten in Frage zu stellen oder die Bibel als falsches Buch der Bücher zu entlarven, ist ein solch verbotenes Denken".)

Im Gegensatz zu den Illuminatenorden[2] halte ich es nicht für klug, einen Geheimbund zu gründen, um Mitstreiter für eine neue moderne, zeitgemäße und sittliche Verbesserung der Gesellschaften zu erreichen. Eine offene, aggressive und dauernde Aufklärung über die verschiedenen Massenmedien erscheint mir als der effizientere Weg.

Haben Sie als Leser dieses Buches nie die imaginäre Kraft gespürt, was gesellschaftlich ungerechtes Verhalten in einer Seele anrichten kann, was latente Realitätsangst (psychologisch) bedeutet, wie ohnmächtiges Abseitsstehen (Machtlosigkeit) Menschen frustrieren und aggressiv machen kann, dann werden Sie möglicherweise keine wirkliche Empathie für betroffene, benachteiligte Mitbürger empfinden können. Sie dürfen dann dieses Buch ungelesen zur Seite legen. Alle anderen des Lesens mächtigen Menschen sind meine Leser.

Es geht in diesem Buch nicht um einzelne Menschen, um einzelne Gesellschaftsschichten oder um einzelne politische und religiöse Gesellschaften. Es geht um die Mehrheit der Menschen auf diesem Planeten, wenn von den Begriffen Benachteiligung, Ungerechtigkeit, Unterdrückung, Verlogenheit, Zukunftsangst etc. die Rede ist und wenn dabei in diesem Zusammenhang mit „people-relationship“ gedacht, gehandelt oder nicht gedacht und nicht gehandelt wird!

Überheblichkeit, Arroganz, fehlende Empathie, mangelnde soziale Kompetenz, mangelnde soziale Intelligenz und „Dummheit“ machen in diesem Zusammenhang nur Psychopathen das Leben „leicht“.

Der Ansatz, dass Wahrheiten ohne Rücksicht, ob sie nützen oder schaden, gelebt werden sollen, ist philosophischer Natur. Philosophie ist absoluter Bestandteil unseres menschlichen Lebens! Liebe Leserin, lieber Leser, denken Sie bitte einfach darüber nach und entscheiden Sie über den Stellenwert, den Sie dieser Aussage für ihr persönliches Leben beimessen.

Brutale gesellschaftliche Realität

Es ist leider gesellschaftliche Realität, dass wir mit einer enormen Sprachlosigkeit ausgestattet sind, wenn es darum geht, mit falschen – oft als Totschlagargumente benutzten Themen und Behauptungen – sofort und extrem zu konkurrieren. Immer dann, wenn es passt, werden z. B. Textzeilen aus der Bibel als „Wahrheit“ zitiert, die jeder wahrhaftigen Grundlage entbehren. Obwohl der tiefere Unterdrückungssinn der „Heiligen Schrift“ längst durch große Denker entlarvt und publiziert wurde und eigentlich jedem Leser mit klarem, gesunden Menschenverstand bewusst ist, wird solchen „Behauptungen“ zu wenig oder gar nicht widersprochen.

Verbotenes Gewissen

Nur wer den Mut zu einem neuen „verbotenen“ Gewissen (Denken) hat, wird sich in den Sphären der unbedingten Freiheit gegen sich selbst frei bewegen können. Ich fordere mit Friedrich Nietzsche: „Ein neues Gewissen für bisher stumm gebliebene Wahrheiten“, die schonungslos und immer wieder ausgesprochen werden müssen!

Ich gehe davon aus, dass die Leser dieses Buches die Komplexität des menschlich gesellschaftlichen Lebens nicht aus den Augen verlieren. Das menschlich gesellschaftliche Leben ist nicht so simpel, um auf einzelne negative Tatsachen reduziert werden zu können, aber es sind u. a. eben diese von mir angeprangerten Tatsachen, die unser gesellschaftliches Zusammenleben oft unnötig komplizieren, erschweren und verworren machen.

Irrgarten des Lebens

Meine „Hass- Liebe“ gegen uns Menschen aufrecht zu erhalten und zu pflegen, erlaube ich mir! Nur aus dem Überlegenheitsgefühl gegenüber der Masse der Menschheit, durch die „Höhe“ der „Seele“ und letztlich durch die Verachtung der Menschen, einschließlich der „Persona Ego“, entsteht meine wahre Liebe. („my passions collide!“)

Das moderne Leben – der Irrgarten des Lebens – ist die eigentliche Krankheit, an der wir, an der alle menschlichen Gesellschaften leiden, und daran tragen keine höheren Mächte die Schuld, sondern einzig und allein wir selbst sind für unseren, von uns selbst konstruierten Irrgarten verantwortlich!

Aus Erfahrungen aus unserem eigenen Arbeits- und Privatleben wissen wir, dass wir uns alle hinter einer oder mehreren individuellen Masken verstecken; der Umwelt zeigen wir nur eine ordentlich aufgeräumte „Fassade“. Der Zustand des „Gebäudes“ dahinter, so finden wir, geht niemanden etwas an und kommt meist nur zum Vorschein, wenn wir durch „Zwangslagen“, „unglückliche äußere Umstände“ oder „familiäre Tragödien“ dazu genötigt werden, oder weil „kriminelle Verfehlungen“ aufgedeckt wurden. Sicher, man muss davon ausgehen, dass eine Person nicht ganz „dicht“ ist, wenn sie sich nach allen Seiten für jedermann öffnet.

Aber sind wir nicht ständig darauf bedacht, selbst unseren engsten Verwandten wie Eltern oder Geschwistern eine Person vorzuspielen, die wir eigentlich gar nicht sind? Folglich haben wir sogar von unseren liebsten Mitmenschen oft ein Bild im Kopf, das mit der Realität wenig zu tun hat. Wir sind meist schlechtere Psychologen, als wir glauben, und schätzen unsere Mitmenschen vielfach nicht richtig ein, wir stecken sie in „Schubladen", kategorisieren sie ungerechtfertigt und oft völlig falsch!

Wir gehen davon aus, in der Leistungsgesellschaft nur dann gut funktionieren zu können, wenn wir mit dem Strom schwimmen, und wissen doch, dass wir auch, wenn wir mit diesem Strom schwimmen, keine guten Schwimmer sind (jedenfalls nicht der Großteil unserer Spezies). Was zur Folge hat, dass sich bei unserem ständigen Bemühen, den enormen Anforderungen unserer Zeit zu genügen, eine Unzufriedenheit in uns breit macht, die es uns schwer macht, mit Lust und Freude zu leben.

Betrachte ich – derzeit aus einer gewissen „Entfernung" – die heutige Arbeitswelt, so frage ich mich nach dem Sinn, warum alles schneller gehen und preisgünstiger sein muss, als es ein Konkurrent leisten kann, weil dies meist zur Folge hat, dass

a) Menschen nicht nur in Schwellen- und Entwicklungsländern extrem ausgebeutet werden und

b) Produktionsergebnisse, auch im Dienstleistungsbereich, oft nur billiger sind – im wahrsten Sinne des Wortes –, aber teuer erkauft werden.

Mediale Verdummungsindustrie

In den Werbespots der Informationsmedien vermählen sich Nonsens mit Verdummungsbemühungen der Politik, der Industrie und des Dienstleistungsgewerbes auf eindrucksvolle Weise: Welchen Vorteil soll es haben, dass ein Radiosprecher seinen Nachrichtentext herunter rattert, als wäre er auf der Flucht? Um Zeit zu sparen, die dann für eine dreiste und verdummende, oft schwachsinnige Werbung verwendet wird, bei der der Eindruck erweckt wird, der Konsument ist nur dann „in“, wenn er das Produkt X so schnell wie möglich erwirbt? Und dabei soll er angeblich noch Geld sparen!

Für diese Entwicklung ist die Schuld alleine bei uns zu suchen. Wir sind es meistens selbst, die unserem Lebensglück, unserer positiven Lebensqualität im Wege stehen!

Neu-Konditionierung

Leider sind wir, die erwachsenen Erzieher, durch unsere eigene Erziehung so konditioniert, dass eine neue Philosophie in der Erziehung unserer Kinder nur dann Aussicht auf Erfolg hat, wenn wir bereit sind, uns selbst neu zu konditionieren. Darin sehe ich die einzige Möglichkeit, den nachfolgenden Generationen den Weg für ein glücklicheres Leben zu bahnen.

Im hohen Alter habe ich mich verstärkt dem Studium der Psyche des Menschen verschrieben, weil ich so viele „WARUMS“ wie möglich beantwortet haben möchte.

Mit Bewunderung, Ehrfurcht und großem Respekt stehe ich vor den genialen, fast unbeschreiblich großartigen und schönen Werken des menschlichen Geistes und der menschlichen Hand.

Dass es, gemessen an der Masse der Menschheit, nicht viele Genies gibt, die letztlich wirklich etwas zum Wohle der Menschheit beigetragen haben, muss nicht bewiesen werden. Viele der Errungenschaften, die zu jenen gezählt werden, die dem Wohle der Menschheit dienen, stellen sich bei näherer Betrachtung als durchaus nicht zu unserem Wohle ersonnen heraus. Beim Relativieren vieler Geistes-Schöpfungen sind zu bemerken, dass sie zwar positiv gemeint waren oder zumindest einen positiven Ansatz hatten, die aber in der Folge oft negative bis katastrophale Reaktionen oder Ergebnisse hervorgebracht haben. Jede/r Leser/in kann hierfür mehrere Beispiele anführen, weshalb ich hier nicht näher darauf eingehen werde.

Instinkte

Meines Wissens ist noch kein anderer Autor oder Denker (mir ist jedenfalls keiner bekannt) bisher auf die Idee gekommen, die Kausalität aller menschlichen Probleme in der Tatsache zu suchen, <u>dass organisches Leben praktisch nur auf Kosten anderen organischen Lebens möglich ist!</u> Welchen tieferen Sinn sollen solch extrem kurzzeitige Lebensformen, wie sie auf der Erde existieren, haben? Schon auf Grund dieser Tatsache ist abzuleiten, dass die Schöpfungsgeschichte als Absurdum entlarvt ist. (Das werde ich in der Folge ausführlich begründen.)

Ist hierin die Frage zu beantworten, warum bei - aller Lebensbejahung – wir Menschen so sehr gegen das Leben gewendet sind?

Es sind meines Erachtens ***Instinkte,*** die uns Menschen dazu bewegen, zu zerstören, jemandem Leid zuzufügen und gar zu töten. Dabei gehe ich nicht davon aus, dass Instinkte Verhaltensweisen sind, die ohne reflektierte Kontrolle ablaufen. Wenn Anhänger des Behaviorismus die Suche nach inneren Ursachen für niedrige menschliche Verhaltensweisen grundsätzlich ablehnen, so tun sie das sicher aus einer gewissen Angst heraus, sich eingestehen zu müssen, dass wir Menschen sehr bewusst und durchaus geplant und kontrolliert zu schlimmen Taten willig sind. Im Kapitel Grausamkeit und Sexualität gehe ich näher darauf ein.

Die wichtigen Fragen, mit denen ich mich im Vorfeld der Entstehung dieses Werkes beschäftigte, waren vor allem persönlicher Natur.

Da es mir – in wichtigen Dingen – nicht gelingen will, mich selbst zu belügen, und weil ich ein großer Freund von einfach zu verstehenden Formulierungen und klarer Rede bin, musste ich mich mit den Fragen auseinandersetzen: Welche meiner Thesen und Überzeugungen entstanden trotz Indoktrination aus dem Gebrauch meines eigenen Verstandes? Ist meine persönliche Imagination der Dinge für jemanden wichtig zu erfahren? Schade ich eventuell jemandem (insbesondere Angehörigen) direkt oder indirekt mit der Offenbarung meiner Weltanschauung?

Da meine Wahrheiten nicht mehrheitsfähig sein werden – schon allein aus dem Grunde, weil sie nicht mehrheitsfähig sein dürfen –, schließen sich die Fragen an: Wie viel Wahrheit kann ich psychisch ertragen, und wie viel Wahrheit zu ertragen bin ich bereit? Und des Weiteren: Bin ich bereit, die Folgen meiner publizierten Weltanschauung zu tragen? Wenn Sie das Buch vor sich liegen haben, ist diese letzte Frage beantwortet.

Umfassende Wahrheiten zu äußern, ist risikoreich, sie können große Schwierigkeiten bereiten und sind in der Konsequenz wenig kalkulierbar. Es waren meist Wahrheiten, die bis aufs Blut bekämpft, ja sogar verboten wurden und bis zum heutigen Tag von tatsächlich schwachen Zeitgenossen, bekämpft und verboten werden. Sicher macht es Menschen, die gewisse Wahrheiten bekämpfen – oft handelt es sich um Psychopathen –, nichts aus, wenn ich sie als Schwächlinge bezeichne, da sie doch die Macht haben, zu ERLAUBEN! Nur es ändert nichts daran, dass sie nicht Mann oder Frau genug sind, sich Kritiken zu stellen. Man kennt es aus Erfahrung daran, dass sich z. B. Vormächte nicht gern auf offene Gespräche einlassen, dass Vorbeter keine Widerrede mögen und, und, und.

Gepflegte Vorurteile

Aber weil wir zu wenig Widerstand leisten, haben z.B. populistisch vorgetragene, fundamentalistisch fest zementierte Vorurteile ein enormes Stehvermögen. Sicher ist der riskante und mutige Gebrauch des eigenen Verstandes, dessen Urteilsfähigkeit immer wieder aufs Neue herausgefordert wird, angesichts vielfältiger Problemsituationen, die er zu bearbeiten hat, nicht jedermanns Sache. Leider ist der fehlende Wille zum Widerstand in Deutschland zur Moral geworden! Selbstverständlich ist es bequem und mit wenig persönlicher Gefahr verbunden, die eigene Meinung zur öffentlichen Meinung in ein kompatibles Verhältnis zu bringen. Gerade deshalb fordere ich von jenen Zeitgenossen, die fähig sind, den eigenen Verstand einzusetzen, mehr Mut und Risikobereitschaft, um verlogene populistische Wichtigtuer in ihre Schranken zu weisen.

Gegen den Strom zu schwimmen, darf in diesem Zusammenhang nicht heißen, dass Mut und Risikobereitschaft aus Angst vor wirtschaftlichen oder persönlichen Nachteilen unterbleiben. Erst, wenn Mut und Risikobereitschaft aus den genannten Gründen unterbleiben, wird Mut und Risikobereitschaft durch Dummheit unterwandert oder gar durch Dummheit ersetzt. Der Wahrheit jederzeit die Ehre zu geben, darf kein Grund für Strafmaßnahmen von Seiten jener sein, die Wahrheiten nicht ertragen können. Menschen, die Wahrheiten nicht ertragen können, sind meist Blender, die sich wichtiger machen, als sie es tatsächlich sind.

„Volksverhetzung"?

Sich ***juristisch nicht angreifbar*** zu machen, ist bei einem Kampf, für mehr Gerechtigkeit zu sorgen, erst mal oberstes Gebot. Aber, aufklärerisch die Fakten beim Namen zu nennen, damit jeder weiß, wer oder was gemeint ist, ohne den Namen des „Betreffenden" zu verunglimpfen, ist ein probates Mittel, um Wichtigtuer KLEINLAUT werden zu lassen.

Nützliche Idioten sind wir alle (irgendwo).

Oft erweisen wir uns – ohne Not und Grund - als **nützliche Idioten**, weil wir zu bequem sind, Unwahrheiten und Täuschungen mit empörter Vehemenz zu entlarven und sie zu konkurrieren. Nicht nur Protagonisten aus Wirtschaft und Politik, sondern vor allem aus dem Bereich der Religion verkaufen uns mit einer Dreistigkeit für dumm, dass es geradezu eine Schande ist, wie wir uns missbrauchen, ja oft sogar vergewaltigen lassen.

Und letztlich haben diese Typen sogar irgendwie Recht, wenn sie uns für genauso dumm halten, wie wir sind – ich erlaube mir diese kabarettistische Formulierung –, schließlich kommen sie ja immer wieder damit durch!

Fatum

Mir ist klar, dass auch ich erst im fortgeschrittenen Alter den Mut dazu aufbringe, meine Sicht der Dinge schriftlich zu „betonieren“. Obwohl ich wegen meiner Herkunft, Abstammung und Weltanschauung schon sehr früh gespürt habe, dass ich selbst bei meinen nächsten Angehörigen kontroverse Reaktionen ob meiner Ansichten erfuhr, beschleicht mich kaum Unwohlsein, wenn ich mir vorstelle, dass mir die folgenden Zeilen enorme Probleme bereiten können. Wichtig ist für mich, meine Sicht der Dinge klar – für jeden verständlich – zu formulieren. Die Vorwürfe von Fatalismus oder geistiger Verwirrtheit, die von politischer und sakraler Obrigkeit gegen meine Person wahrscheinlich erhoben werden, nehme ich in Kauf. Diese Stärke besitze ich!

Wenn mein Drang, der arroganten Ungerechtigkeit, der Verlogenheit, der Hinterhältigkeit, der Gewissenlosigkeit etc. den Krieg zu erklären, von manch mächtigen Zeitgenossen hochmütig und mitleidig als mein Fatum bezeichnet werden wird, so bleibt für mich nur zu hoffen, dass ausschließlich mein Fatum den ihm eigenen, negativen Verlauf nehmen wird, und nicht etwa Angehörige in „Sippenhaftung“ genommen werden.

Ich fürchte mich am wenigsten vor Ausgrenzung oder Anfeindungen; ich fürchte mich am meisten davor, dass gewisse Leser meines Werkes meine Ausführungen nicht auf den wahren Gehalt prüfen, um sich ein Urteil zu bilden, sondern genau wie unten näher beschrieben, sich vorschnell Meinungen bilden, deren Ergebnisse man, in der Psychologie, als kolossalen Absolutismus bezeichnet.

Die Ergebnisse dieses naiven Realismus haben bekanntlich mit der Wirklichkeit meist nicht das Geringste zu tun. Sie haben aber nicht erst einmal in der Menschheitsgeschichte zu Lynchjustiz und sogar zum Genozid-Versuch geführt.

Vorab einige Gründe für eine wahrscheinliche gesellschaftliche Verfolgung meiner Person.

Glaube

Ich empfinde es als reine Zeitverschwendung, über die meisten religiösen Begriffe inklusive über Gott nachzudenken. Von Kindesbeinen an habe ich gefühlt, dass mit den Äußerungen von erwachsenen Menschen in ihrer Beziehung zur Religion und zu Gott etwas nicht stimmen kann. Vielleicht habe ich gefühlt, dass Geistliche, Lehrer und erst recht elterliche Erzieher an ihre Angst verbreitenden religiösen Thesen und – wie ich finde, noch wichtiger – an ihre Hoffnung gebenden religiösen Thesen selbst nicht wirklich glaubten.

Ich wusste als Kind natürlich nicht, was es war, was mich zweifeln ließ, und habe – nach einem Schlüsselerlebnis – angefangen, mich mit den heiligen sakralen Vorgaben, die man mir vorsetzte, ernsthaft zu beschäftigen. Das Studium der Bibel und das Lesen des Korans mit dem Einsatz meines gesunden Menschenverstandes haben mich zu einem bekennenden Ungläubigen gemacht, der durch aktuelle Nachrichten aus der Welt der Religionen immer wieder aufs Neue bestätigt wird.

Sollte mein Manuskript je in den Buchdruck kommen, verlange ich von meinen Gegnern – die sich mit ziemlicher Sicherheit zuallererst und am massivsten aus Personen der Religiosität und des Klerus zusammensetzen werden –, dass diese Personen ihre Restintelligenz zusammenkratzen und sich nur auf widerlegbare Gegenargumentationen beschränken. Es geht für meine Gegner hier nicht darum, irgendwelche schlauen oder spitzfindigen Interpretationen als Gegenargumente zu finden. Es geht für meine Gegner einzig darum, meine verfassten Tatsachen zu widerlegen, ohne der verwässernden bzw. vernebelnden Komplexität des gesellschaftlichen Zusammenlebens zu viel Beachtung beizumessen. Es ist eben die Komplexität des menschlichen Zusammenlebens, die kein Mensch überblicken, geschweige denn in ihrer Gesamtheit verstehen kann, die aber eine Änderung zum Besseren brutal verhindert.

Gesinnung

Meine tiefe antiklerikale und antifeudale Gesinnung teile ich mit bekanntlich vielen großen Denkern. Mein Vorwurf der Verdorbenheit gilt jenen Personen, die eine Ideologie als Wissenschaft betreiben, die sich auf nichts Wahres stützen kann. Sie sind nicht nur nach Nietzsche „<u>Advokaten des Nichts</u>"! Johann Wolfgang von Goethe hat in seinem Faust I aus gutem Grund festgehalten: „...und <u>leider</u> auch Theologie durchaus studiert, mit heißem Bemühen". Dieser Personenkreis, die Religionsvertreter und Religionsverbreiter, die sich einem schweren Studium verschrieben haben, also zu den Intelligenten der Gesellschaft gezählt werden, gehört zu den verachtungswürdigsten Menschen einer Gesellschaft. Sie verderben aus Lust und Eigennutz wissentlich ihre Gläubigen, dabei werden sie von einfachen Gemütern noch immer als Wissende der Wahrheit angesehen, zum Teil über Gebühr respektiert und von manchen Zeitgenossen sogar verherrlicht.

Wer Theologen- Gesinnung sein eigen nennt, ist von Grund auf in allen religiösen Dingen unehrlich (verlogen). Sie, die Theologen, sorgten dafür, dass sich eine Ideologie des Glaubens entwickeln musste, die durch nichts gerechtfertigt ist. Jene, die sich für diesen Beruf entschieden haben, ergeben sich in eine Blindheit gegenüber dem Wahren und freiwillig in eine unheilbare Falschheit. Sie konstruieren imaginäre, amorphe Heiligkeiten aus übernommenen und erdachten Zirkelschlüssen – nichts anderes sind religiöse Dinge – und knüpfen ihr Gewissen bedenkenlos an den eigenen Vorteil. Sie fordern, dass keine andere Sicht der Dinge mehr Wert haben darf (keine andere Sicht ist mehr erlaubt), nachdem sie die eigene Sicht mit dem Namen „Gott" sakrosankt gemacht haben. Nach Nietzsche ist der Theologen-Instinkt „die verbreitetste, die eigentlich unterirdischste Form der Falschheit, die es auf Erden gibt. Es ist des Theologen unterster Selbsterhaltungsinstinkt, der verbietet, dass die Realität in irgendeinem Punkte zu Ehren, oder auch nur zu Worte kommt".

Schon aus diesem Grunde bin ich ein absoluter Gegner des Religionsunterrichts an allen öffentlichen Schulen. Religionsunterricht kann meinetwegen außerhalb des Regelunterrichts, auf freiwilliger Basis, in sogenannten „Gotteshäusern" abgehalten werden. Im Regelunterricht hat Religion nichts, aber auch gar nichts verloren; Religion als Benotungskriterium in einer Abi-Prüfung zu bewerten, gehört bestraft!

Trotzdem, ich versuche, mit Bescheidenheit und Respekt meinen Überlegungen nicht übermäßiges Gewicht beizumessen und mich damit zu trösten, was schon Kurt Tucholsky geschrieben hat: „Es gibt keinen Neuschnee“.

Alle Unwahrheiten und Polemiken, die mir entgegenströmen werden, werde ich auf das Schärfste ignorieren (!!).

Für die freie Meinungsäußerung!

Gegen den Glauben!

Für eine neue Epoche der aggressiven Aufklärung!

Freie Meinungsäußerung und der Respekt vor ihr sind ein Schlüssel zur Lösung von vielen Problemen, die alle Gesellschaftsformen in Bezug auf das gesellschaftliche Zusammenleben miteinander gemein haben. Nur wer die Meinungsäußerung eines Menschen respektiert und zum Zeitpunkt der Kenntnisnahme dieser Äußerung die Stärke hat, sich zu dieser individuellen Meinung neutral zu verhalten, kann die Möglichkeit nutzen, diese fremde Meinung zu reflektieren und sie gegebenenfalls argumentativ durch die eigene Sicht der Dinge beeinflussen.

Respekt

Auch die religiöse Meinung gilt es zu respektieren, wenn der von Religion befallene Mensch sein Lebensglück in seiner Religiosität gefunden und seine Lebensqualität auf seinem Glauben aufgebaut hat. Jeder aggressive Versuch, diesem indoktrinierten Menschen seine Religion zu verbieten, würde das gleiche Verbrechen nach sich ziehen, dessen sich die Geistlichkeit seit „ewigen Zeiten“ an der Menschheit schuldig macht.

Erst wenn versucht wird, die fremde Meinung mit Gewalt zu unterdrücken, zu bekämpfen oder womöglich sogar zu verbieten, entstehen Konflikte, die bis zu Kriegen führen, wie die Geschichte uns gelehrt hat und wie es uns immer wieder und derzeit, hoch aktuell besonders drastisch vor Augen geführt wird.

Problem der Erziehung

Eines der Kernprobleme hierbei ist in der elterlichen bzw. vormundschaftlichen Erziehung der Kinder von Anbeginn an zu finden. Die Erziehungsratschläge des Aufklärers John Locke angenommen und den männlichen Nachwuchs zu Gentlemen erzogen, hätten sicher zu gerechteren Gesellschaften in Europa und wahrscheinlich sogar weltweit zu mehr Respekt unter den Menschen geführt.

Man sollte mit Kindern schon sehr früh in ihrer Entwicklung ernsthaft und respektvoll umgehen und sich auch ebenso ernsthaft und respektvoll mit ihnen unterhalten; sie verstehen viel mehr, als ihnen von uns Erwachsenen zugetraut wird:

Mit 2 – 4 Jahren ist das Kind schon in der Lage, sich mit Gegenständen und Ereignissen zu befassen, auch wenn sie nicht mehr unmittelbar präsent sind (Vorbegrifflich –symbolisches Denken).

Mit 4 – 7 Jahren ist das Denken durch die Bildung anschaulicher Begriffe gekennzeichnet. Das anschauliche Denken ist serial (von Serie), eingleisig und nicht umkehrbar.

Beispiel: Legt man dem Kind acht braune Holzkugeln und zwei weiße Holzkugeln vor und fragt es, ob mehr Holzkugeln oder mehr braune Kugeln vorhanden seien, antwortet es: Mehr braune Kugeln (Anschauliches Denken).

Mit 7 – 12 Jahren wird das Denken zunehmend schneller und beweglicher, es bezieht sich jedoch weiterhin auf reale Gegenstände der Außenwelt (Konkrete Operationen).

Ab 12 Jahren: Das Denken kann sich nun von den Gegenständen der Außenwelt völlig lösen. Es können formal-logische, mathematische und andere komplizierte Denkoperationen geleistet werden (Formale Operationen). (Quelle: Dr. Andreas Belwe)

Kindern so früh wie möglich beizubringen, nicht listig, sondern wahrhaftig und aufrichtig zu sein, wird von den Erziehungsberechtigten leider sehr vernachlässigt. In unserer von Habgier und Kapital geprägten westlichen Welt geht es vor allem darum, den persönlichen Vorteil/Gewinn durch List, Täuschung und rücksichtsloses Ausnutzen von Mitmenschen zu generieren und zu optimieren; Offenheit und Fairness spielen eine immer geringere Rolle. Eine Kultur gegenseitiger Achtung sieht anders aus!

Erstmal spreche ich von der bundesdeutschen Gesellschaft, wenn ich davon ausgehe, dass eine geänderte systematische Philosophie der kindlichen sowie der erwachsenen Erziehung Voraussetzung für eine gerechtere Gesellschaft ist. Es wäre ein Geschenk an den Rest der Welt, wenn von Deutschland ausgehend eine geänderte Erziehungsphilosophie Schule machen würde. – Mehr dazu im Kapitel Selbstwertgefühl.

Deutschland könnte damit Gutes in die Welt aussenden! M*an darf auch mal Wunschträumer sein, oder?*

Trotz allem: Mit Dankbarkeit erfüllt mich die Tatsache, dass ich in einem Land aufgewachsen bin und lebe, in dem auch der einfache Bürger das in unserem Grundgesetz verankerte Recht zur freien Meinungsäußerung hat. Dass damit allerdings nur jene freie Meinungsäußerung gemeint ist, die allgemein als solche verstanden wird, versteht sich von selbst. Es gibt leider nicht wenige Länder auf unserem Planeten, in denen noch nicht einmal diese populistische freie Meinungsäußerung, ohne schlimme Konsequenzen für den/die Meinungsäußerer, möglich ist.

Wenn ich hier von Dankbarkeit spreche, so bin ich mir allerdings nicht sicher, wem ich eigentlich dankbar sein kann. Soll ich den Vätern und Müttern des Grundgesetzes der BRD dankbar sein, die unsere „Verfassung“ nach dem Zweiten Weltkrieg manifestiert haben? Oder sollte ich den Siegermächten des Zweiten Weltkrieges dankbar dafür sein, dass sie darauf bestanden haben, dass Deutschland nur als ein verfassungsmäßig demokratisches Land, mit föderaler Struktur eine Chance hat, wieder in die zivilisierte Staatengemeinschaft aufgenommen zu werden? Oder muss ich gar jenen Verbrechern und Mördern des Dritten Reiches dankbar dafür sein, dass sie mit ihren menschenverachtenden Agitationen und durch ihre hinterlassenen materiellen und seelischen Trümmer einen Neuanfang überhaupt erst nötig machten? Vielleicht muss ich aber noch weiter zurück denken und jenen mutigen Aufklärern dafür dankbar sein, dass sie die Meinungsfreiheit für den Einzelnen als Begriff, zumindest theoretisch, eingefordert haben.

Freie Meinungsäußerung

Nach wie vor gilt aber: Die Meinungsfreiheit wird dann eine trügerische bis gefährliche Angelegenheit, wenn sie zur freien Meinungsäußerung wird!

„Die freie Meinungsäußerung ist formal erlaubt, aber in der Praxis verboten. Beide werden gemeinhin als kriminelle Handlungen erachtet und von allen zivilisierten Völkern zutiefst verabscheut. Mord wird manchmal bestraft, freie Meinungsäußerung immer - wenn sie denn vorkommt, was nicht allzu häufig ist Es gibt gute Gründe, eine unpopuläre Meinung für sich zu behalten: Sie kann einen Mann teuer zu stehen kommen; sie kann seinen geschäftlichen Ruin bedeuten und ihn der öffentlichen Schande aussetzen. Es besteht die Gefahr, dass seine Freunde sich von ihm abwenden, man seine Angehörigen von der Gesellschaft ausgrenzt und sein Haus ein von allen gemiedener, einsamer Ort wird. Jeder Mensch hegt in seiner Brust die eine oder andere unpopuläre Ansicht über Religion oder Politik. Und je intelligenter derjenige ist, desto schwerer

trägt er an der Last dieser Ansichten, die er für sich behalten muss. Es gibt niemanden - der Leser und ich selbst eingeschlossen -, der nicht solcherlei missliebige Überzeugungen in sich hegt und pflegt und sie aus Vernunftgründen nicht ausspricht. Manchmal halten wir uns zurück aus Gründen, die uns zur Ehre gereichen, aber meistens schweigen wir, weil wir nicht bereit sind, die schweren Folgen einer unpopulären Äußerung auf uns zu nehmen. Niemand möchte gehasst werden, niemand möchte ausgestoßen sein. (Mark Twain / Privileg der Toten 1905).“

Und hier liegt das Problem, tief, aber lebendig begraben!

Mangelnde Zivilcourage

Vertreter der schreibenden Zunft, die sich dem „unabhängigen Journalismus“ verschrieben haben, fehlt es meist an Courage, wenn es darum geht, Verfehlungen von zum Beispiel Behördenvertretern beim Namen zu nennen. Es sind „vordergründig“ nicht Behörden, die schikanöses bis menschenverachtendes Verhalten an den Tag legen, es sind Sachbearbeiter/innen mit konkreten Namen, die sich als „Gutmenschen“ fühlen und ihre Mitbürger auf das Schäbigste behandeln, und das in der Anonymität ihrer sie deckenden Behörde.

Es sind nicht in erster Linie die Bedürftigen, die eine „Behördenkultur“ generieren. Es sind einige Bedienstete, die ihre Behörden (Dienststellen!) zu Vollzugsorganen der übelsten Sorte machen! Diese Sachbearbeiter oder Fallmanager, die im Schutze ihres Amtes mehr scheinen wollen, als sie im Privatleben sind, sie haben eine große Mitschuld, wenn – wie geschehen – ein Mensch sich mit brennbarer Flüssigkeit übergießt und sich in einem Amts Büro anzündet.

Liebe/r Leser/in, stellen Sie sich nur einmal vor, wie verzweifelt ein Mensch sein muss, dass er sich selbst dem Feuertod aussetzt. Diese Sachbearbeiter sind auch dafür verantwortlich, dass ein Sozialgericht fast so stark wie Fort Knox gesichert ist, (was eine beträchtliche Summe Steuergeld verschlingt).

Ein namentlich genannter Amtsmitarbeiter, eine namentlich genannte Amtsinhaberin, würde es sich dreimal überlegen, wie er/sie ihre/seine schwächeren und oft abhängigen Mitmenschen behandelt, wenn er/sie damit rechnen müsste, dass ihre/seine Verfehlungen mit Namensnennung öffentlich gemacht würden. Wo liegt das Problem?

Ein der Lüge überführter Mensch ist ein Lügner, ganz gleich, ob er/sie eine Person des privaten, öffentlichen, profanen oder sakralen Rechts ist. Eine Person, die gegen eine andere Person oder gegen die Allgemeinheit straffällig wurde, ist ein/e Verbrecher/Verbrecherin, ganz gleich, ob er/sie eine Person des privaten, öffentlichen, profanen oder sakralen Rechts ist. Selbstverständlich sind bei der Beurteilung der jeweiligen Sachverhalte, die zu den Verfehlungen geführt haben, Unterscheidungen zu treffen; dabei ist aber strengstens auf Gleichbehandlung der zu beurteilenden Personen zu achten. Dies wird aber sogar in unserer demokratischen Gesellschaft nur sehr selten praktiziert.

Genau hier liegt aber der Hase im Pfeffer: Wir sind bewusst oder unbewusst immer bemüht, unsere Meinung der unseres Nachbarn anzugleichen und anzupassen, um seine Billigung oder gar Anerkennung zu finden. Wir nehmen oft keine oder zu wenig Rücksicht darauf, unsere Ansicht auf Güte und Richtigkeit zu prüfen. Eine öffentliche Meinung, die auf solche Weise entsteht, ist leider reale Politik.

Exkurs: Genau das macht es den „Wichtigtuern" so einfach, ihr dumpfes Propagandageschwätz als Wahrheit zu verkaufen. So wird aktuell z. B. suggeriert, dass Putins (Russlands) aggressive Politik eine Gefahr für „Europa" darstellt. DAS IST FALSCH!! Es sind seit über 50 Jahren die imperialistische Politik der USA und die der NATO daran schuld, dass der Terrorismus auf der ganzen Welt dieses Ausmaß angenommen hat; wobei der Begriff „Terrorismus" meistens falsche Anwendung findet. Über dieses Thema gibt es bereits sehr gute Literatur[3], weshalb ich mich auf die obigen Äußerungen beschränke.

Wird der Öffentlichkeit eine moderne, revolutionäre (auch positiv revolutionäre), extrem rückwärtsgewandte, aggressive politische Idee vorgelegt, reagieren die Menschen verunsichert, zaghaft, ängstlich und schweigen. Nur wenige nehmen sich die Zeit, prüfen die neue Ansicht gründlich und bilden sich eine eigene Meinung. Die meisten warten ab, um zu sehen, wie sich die Mehrheit entscheidet. Das ist nicht gut, weil auf diesem Wege oft politisches Gedankengut als schwer verdaulicher Brei – vom Schmause anderer – verzehrt wird. Auch wenn das manches Mal sehr widerwillig geschieht, werden solche Ideen – durch opportune Kausalität – von Wichtigtuern als Mehrheitsmeinung populistisch geschickt propagiert. Peinlich ist es für deren erkennende Unterstützer dann, wenn sich Behauptungen, die zu Gesetzeseingaben und -erlassen geführt haben, letztlich als Zirkelschlüsse herausstellen, und es wurde von ihm/ihr nicht oder zu spät realisiert. Den angerichteten Schaden tragen Wichtigtuer nur selten, es sind meistens schwache Minderheiten, die die auf diese Weise versalzene Suppe auslöffeln müssen.

Aufklärung

Gerade auch auf dieser Ebene ist Aufklärung dringend geboten. Einem Großteil unserer Zeitgenossen ist durchaus klar, dass Aufklärung eine Kampfansage an vernebelte bis dunkle Vorstellungen ist. Aufklärung richtet sich gegen übernommene, aber selbstverschuldete Dummheiten wie Vorurteile, Fanatismus und Borniertheit; sie richtet sich aber auch gegen die emotionalen Schwächen wie Aberglaube, Schwärmerei und Phantasterei. Sie richtet sich vor allem gegen unreflektierten, religiösen Glauben! Sie richtet sich gegen „Glauben" schlechthin!! Ich bin mir sicher, jeder Leser erkennt in diesem Zusammenhang sofort, warum es so schwer ist, gegen bornierten Rassismus und radikalen Glauben erfolgreich anzukämpfen.

Jedoch, versteht der Einzelne Aufklärung nur als Anleitung zum Gebrauch des eigenen Verstandes, dann bleibt sie für eine Gesellschaft ohne jede Bedeutung! Aufklärung hat dann nur den Vorteil, dass der sich seines Verstandes Bedienende – um eigene Aufklärung Bemühte – als „mündiger" Bürger akzeptiert werden kann. Aus diesem Grunde ist es gerade in der momentanen realen Situation unserer freiheitlich demokratischen und rechtsstaatlichen Gesellschaftsordnung wichtig, dass individuelle, offensive Aufklärung an der Basis unserer Gesellschaft von vielen aufgeklärten Zeitgenossen denen der Istzustand - aus Gründen der Gerechtigkeit zuwider ist - auch wenn sie vordergründig aus ökonomischer Sicht keine Veranlassung zu einer Veränderung haben - aktiv betrieben wird.

Immanuel Kant hat 1874 richtig gestellt: *„Wir leben in keinem aufgeklärten Zeitalter, aber in einem Zeitalter der Aufklärung. Aufklärung ist kein Zustand, sondern ein Prozess“.* Seit ca. 300 Jahren dauert dieser Prozess nun an, und leider sind wir als Gesellschaften zurzeit dabei, auf diesem „Gebiet“ einen epochalen Rückschritt zu machen, wie es auch und gerade bei der sogenannten „Vorzeigedemokratie“, den USA, „Post-Enlightenment“ beispielhaft zu erkennen ist. <u>Das ist nicht akzeptabel!</u>

Als Mächte der Gegenrevolution im Sinne der Aufklärung sind der islamische Fundamentalismus, autoritäre Staatsgebilde und, wie könnte es anders sein, die christlichen Religionen – vor allem der Katholizismus – zu nennen. Auch in unserer rechtsstaatlichen, freiheitlichen und demokratischen Gesellschaftsordnung sind die Bestrebungen, den Verstandesgebrauch des Bürgers zu blockieren, für jeden klar erkennbar, wenn sie/er nur hinschaut und hinhört.

Das Problem dabei ist, dass der Stil des Denkens immer weniger durch offenes, vernünftiges Argumentieren, eine kritische Auseinandersetzung und einen offenen Verstandesgebrauch geprägt ist, sondern verstärkt durch Glaubensgewissheit. sowie kolossalem Glaubens- bzw.

Meinungsabsolutismus und Orthodoxie einseitig ausgerichtet oder gar vergewaltigt wird.

Liebe Leserin, lieber Leser der Nachkriegsgeneration, schauen Sie sich bitte eine beliebige Diskussionsendung in Ihrem TV- Gerät an. Sie werden sehr schnell feststellen, dass die jetzige Generation eine Diskussionskultur an den Tag legt, die mit „Kultur" in unserm Sinne nur sehr wenig zu tun hat. Bei solchen Diskussionen wird – oft aufs Schäbigste – mit einem Redeschwall dazwischen gegrätscht, nur mit dem Ziel, den Anderen mundtot zu machen.

In ganz Europa finden wir immer mehr Äußerungen, die sich gegen die fundamentalen Werte der Aufklärung richten. Das ist nicht akzeptabel und muss bekämpft werden!

Wirkliche Aufklärung konzentriert sich auf die Ideal-Bestimmung des Menschen. Nach meiner festen Überzeugung kann die Ideal- Bestimmung jedes einzelnen Menschen nur heißen, dass er für so viel positive Lebensqualität für sich sorgen darf, wie es ihm nur möglich ist, ohne von der Allgemeinheit gehindert zu werden oder diese zu behindern. Ergo muss Aufklärung als formulierte Ansammlung von Menschenrechten, die allen Menschen als Naturrecht zustehen, durchgesetzt werden! Postmodernes Denken muss sich bei „Jedermann" als kritische Denkbewegung im Kopf verankern, sich gegen „Grundannahmen der Moderne"[4] wenden und Alternativen aufzeigen.

Warum?

Die Aufklärung hat in den Revolutionen von 1689 in England (glorious revolution) und 1789 in Frankreich nur die absolute Vormachtstellung von Kirche und adeliger Feudalherrschaft gebrochen. Um die Vormachtstellung der Kirche und politische Refeudalisierungsbestrebungen in unserer freiheitlich demokratischen und rechtsstaatlichen Demokratie absolut zu brechen, ist eine weitere, weit umfassendere, aggressivere und radikalere Aufklärung, als es in der ersten namengebenden Epoche geschah, dringend geboten.

Es gilt also, jene Zeitgenossen zu bekämpfen, die der Arroganz verfallen sind, dem „gemeinen" Individuum die geistige und ökonomische Autonomie vorzuenthalten.

Nur aggressiv und radikal angewandte Aufklärungen bekämpfen jene despotischen Mächte, die den Gebrauch des Verstandes der Menschen blockieren wollen. Hier sei vor allem der Klerus genannt, der seine Ziele, die im Folgenden noch näher beschrieben werden, nie aus den Augen verloren hat.

Glaubensvorschriften sind Anmaßungen, die darauf ausgerichtet sind, den Verstandesgebrauch der Gläubigen zu blockieren. Liturgische Regelungen dienen vor allem dazu, dass sich erwachsene, mündige Bürger – wenn man sie noch als solche bezeichnen kann – einem verlogenen Kind-Vaterverhältnis unterwerfen, obwohl man die Gewissheit hat, dass es den Vater gar nicht gibt. Hier und nur hier hat der Spruch: „Der Glaube versetzt Berge" seine Berechtigung.

Jene Zeitgenossen, die despotische Mächte – die den Gebrauch des Verstandes blockieren wollen – nicht kennen, sollten sich dringend um Aufklärung bemühen. Und jene, die diese obengenannten despotischen Mächte kennen, ohne Teil von ihnen zu sein, müssen sich zu echten Solidargemeinschaften gegen „Anti-Aufklärer“ zusammenschließen, allerdings ohne sich zu einer festen strukturierten Organisation zu verbinden! Hier sind viele autonome Gruppen zu bilden und zu installieren am wirkungsvollsten, weil sie dann auf einer einzigen Ebene nicht leicht zu bekämpfen, und selbst von etablierten Machthabern mit polizeilichen oder gar militärischen Mitteln/Einsätzen nicht zu bezwingen sind.

Um Missverständnissen vorzubeugen: JEDE PERSON ist ein Mensch mit all seinen Fehlern und Schwächen, dem im Grunde keine der menschlichen Gefühle fremd sind. Umso wichtiger ist es, dem Automatismus, sich den Denkleistungen anderer unkritisch anzuschließen, eine klare Absage zu erteilen. Dort, wo das nicht geschieht und das Denken an andere delegiert wird, stellt sich mit der Zeit ein Ohnmachtsgefühl ein, das in der Folge zur Verantwortungslosigkeit, ja sogar zur geistigen Verwahrlosung und zur geistigen Verrohung führt. Menschen, die sich – aus welchen Gründen auch immer – weigern, Informationen kritisch zu hinterfragen und zu beurteilen, neigen dazu, moralisch fragwürdiges Verhalten zu tolerieren. Nach Hannah Arendt machen sich Menschen so der „Banalität des Bösen“ leicht und oft extrem schuldig (siehe den Holocaust im Dritten Reich und, und, und).

Ein aktuelles, aber klassisches und krasses Beispiel wird uns von Mitbürgern – auch aus der Mitte der Gesellschaft – durch ihre Hasstiraden gegen Flüchtlinge deutlich vorgeführt.

Es geht mir nicht darum, Mitstreiter einer neuen Aufklärung als Gutmenschen begreiflich zu machen. Es geht nicht darum, anderen Zeitgenossen ihre „Erfolge“ zu neiden. Es geht nicht darum, Macht und Machtausübung zu verteufeln. Es geht nicht darum, blauäugig etwa ein utopisches Staatsgebilde nach Thomas Morus („Utopia") zu fordern. Es geht auch nicht darum, den gleichen Wohlstand für alle zu erreichen, aber es geht unter anderem in der Tat darum, WOHLSTAND FÜR ALLE im Sinne von Ludwig Erhards „Sozialer Marktwirtschaft" zu erreichen. Der ehemalige Bundeskanzler war in seinem Amt als Wirtschaftsminister bestrebt, Wohlstand für alle Bürger zu erreichen, und hat das auch genau so formuliert. Er gilt als der Vater des Wirtschaftswunders in der BRD.

Es geht hauptsächlich darum, zum Himmel schreiende Ungerechtigkeiten, auch und gerade in unserer demokratischen Gesellschaft, mit den Mitteln des Wortes (der Aufklärung) zu bekämpfen. Es geht darum, Mitbürger für das Erkennen alltäglicher und latenter Volksverdummung, für Lügen und Täuschungen zu sensibilisieren und sie zu ermuntern, sich das alles nicht länger gefallen zu lassen!

Massenmedien, die sich auf die Fahnen geschrieben haben, der „Stimme des Volkes" Gehör zu verschaffen, aber dabei wie die größte deutsche Tageszeitung vorgehen, sind oft Dreckschleudern der Nation und somit letztlich Krebsgeschwüre einer Demokratie.

Sie sind dafür verantwortlich, dass unschuldig in missliche Lagen geratene Menschen, z.B. Arbeitslosengeld-II-Empfänger (Hartz IV), wegen der dauernden Hetzkampagnen gegen sie als Faulenzer verunglimpft oder gar pauschal kriminalisiert werden (siehe Langzeitarbeitslose bzw. Hartz IV- Bezieher).

Sie, diese populistischen Massenmedien, sind dafür verantwortlich, dass Menschen, die ihre Heimat verlassen mussten, in unserem Land (Deutschland) oft auf das Schäbigste behandelt werden. Und das, weil sie wegen ihrer politischen oder religiösen Gesinnung ihre Heimat verlassen **mussten**. Selbst wenn es Wirtschaftsflüchtlinge sind, die ihr Land verlassen, so haben sie meist ein Recht, ihrem Staatsgebiet den Rücken zu kehren, um nach Europa oder Amerika zu gelangen. Es war und ist unter anderem - seit nunmehr Jahrhunderten - die ausbeuterische Politik der Europäer schuld daran, dass es in ihrer Heimat nicht auszuhalten ist.

Stellen Sie sich einfach einmal die Frage: Was müsste alles passieren, dass ich mein Land, meine Familie, meine Freunde etc. verlassen und vor meiner Gesellschaft fliehen würde?

Sie, die populistischen Massenmedien, und zwar nicht nur in Deutschland, sind mit dafür verantwortlich, dass z.B. Menschen im Mittelmeer zu Tausenden ertrinken!

In „seriösen" Medien werden Meinungen geäußert. In populistischen Medien werden auf niedrigstem Niveau fragwürdige populistische Meinungen „gemacht", und genau das macht ihre Gefährlichkeit aus. Ein friedliches Zusammenleben mit Flüchtlingen bzw. die Integration von Migranten wird durch Hetzkampagnen und das Schüren von Ängsten systematisch torpediert, was den Steuerzahler übrigens viel Geld kostet! Hier machen sich u. a. Politiker und Wirtschaftsgrößen für politische Wirrköpfe und Möchtegern- Führer, die unter dem Deckmantel aus Sorge um ihr Vaterland und ihr Volk handeln zu müssen, zu **nützlichen Idioten.** Diese scheinheiligen Typen bedienen lediglich die primitivsten Instinkte bei Nichtselbstdenkenden und betätigen sich sogleich straffrei als die eigentlichen und wahren Volks-Verdummer und Volks-Verhetzer.

Es geht darum, allen Bürgern Mut zu machen, sich furchtlos ihres gesunden Menschenverstandes zu bedienen und dass sie ihren Status als mündige Bürger jederzeit selbstbewusst nach außen tragen.

Den über die Maßen selbstbewussten Führungspersönlichkeiten auf allen Ebenen unserer Gesellschaft ist durch eigenes selbstbewusstes Auftreten klar zu machen, dass sie nur auf Augenhöhe mit ihren Mitmenschen qualifiziert kommunizieren können. Den Göttern in Schwarz, Weiß oder welcher Farbe auch immer muss vor Augen geführt werden: Selbst wenn sie auf ihren Sach- und Fachgebieten einen logischen Vorteil bei ihrem speziellen „Hürdenlauf" haben, werden sie bei allgemeinen Hürdenläufen mit ihren Mitmenschen doch nicht mithalten können, und wenn ja, dann sind sie trotzdem nichts Besseres als ihre Zeitgenossen. Vielen, auch studierten, intelligenten Personen ist ihre eventuelle Dummheit und Arroganz - als Spiegel - stets vorzuhalten.

Wir nehmen viel zu vieles zu unkritisch hin und bieten dadurch verwirrten Wichtigtuern eine gegen „Otto-Normalverbraucher" gerichtete Plattform, für die diese suspekten Zeitgenossen nicht einmal kämpfen müssen!

So traurig es ist, aber es ist in der Tat so, dass sich eine Meinung, eine These, eine falsche Definition von fremder Feder, und sei sie noch so verlogen und noch so menschenverachtend, durchsetzt, wenn niemand oder zu wenige Menschen dieser falschen, menschenverachtenden Meinung / These / Definition aggressiv oder zumindest vehement gegenübertreten. Ich will Personen, die solche „schädliche" Thesen publizieren, nicht absprechen, dass sie ihre Meinung vertreten, aber oft sind diese

Leute nicht einmal selbst von der Richtigkeit ihrer Äußerungen überzeugt und trachten nur nach dem schnöden Mammon, indem sie populistische Massenmedien mobilisieren oder Bücher veröffentlichen, die die niedrigsten Instinkte der Masse ansprechen.

Ungeachtet des Wissens, dass Überzeugungen und Behauptungen keine Kriterien der Wahrheit oder gar der Vernunft sind, übernehmen erwachsene Menschen, meist aus niederen Motiven, bereitwillig Thesen von populistischen Wichtigtuern, ohne sie auf deren Wahrheitsgehalt zu prüfen, und sorgen somit für eine breite Akzeptanz von selbst stupiden Unterstellungen in der Bevölkerung.

Auch und gerade, weil spezielle Definitionen sowohl von in ihnen bewusst versteckten Opferdeklarationen, als auch von der Akzeptanz dieses speziellen Opferstatus' leben, machen sie ein Oben und Unten in der Gesellschaft erst möglich. (Hier spielt leider die Akzeptanz, mit der die Opfer ihr Opferdasein hinnehmen, eine wichtige Rolle).

Politik funktioniert seit Jahrtausenden so. Es spielt keine Rolle, ob es um Juden-, Christen- oder Islamverfolgung geht, oder ob es um Langzeitarbeitslose (Hartz-IV-Empfänger), Sozialhilfe- Empfänger, Alte, Kranke, Alleinerzieher etc. geht, das „Strickmuster" ist immer das Gleiche und leider immer erfolgreich!

Minderheiten, die Schwächsten in der Gesellschaft, Menschen, die keine Lobby haben und sich auch kaum eine aufbauen können, werden immer als Opfer und **nützliche Idioten** herangenommen und missbraucht. Als eindrucksvolles

Beispiel sei an dieser Stelle die Arbeitsmarkt-Politik und Gesellschaftspolitik der BRD aus der jüngsten Vergangenheit näher unter die „Lupe“ genommen.

Agenda 2010

Als Anfang des 21. Jahrhunderts die maßlose Gier von Top-Managern der Wirtschaft und der Politik im Zusammenspiel mit von ihnen begangenen Fehlern dazu geführt hat, dass viele Betriebe ihre Produktionen extrem und rasant zurückfahren oder den Betrieb gänzlich einstellen mussten und es zu Massenentlassungen kam, ist man auf die „glorreiche Idee“ mit der Agenda 2010 gekommen.

Man ist nicht auf die Idee gekommen, diese arrogante, asoziale „Abzocker-Bande“, die für die entstandene Schieflage gesorgt hat, zur Verantwortung zu ziehen.

Nein, der Öffentlichkeit wurde suggeriert, dass sich der Staat die hohen Sozialausgaben nicht mehr leisten kann und den Steuerzahlern die Last des Arbeitslosenheeres nicht zuzumuten sei, weshalb die Arbeitslosenhilfe und die Sozialhilfe zusammengelegt werden müssten. Im Zuge dessen wurde die BRD von einem Hoch-Lohn-Land zu einem Billig-Lohn-Land. Die damit verbundenen günstigeren Produktionskosten wiederum erlaubten es der deutschen Wirtschaft, auf dem internationalen Markt vergleichbare Produkte und Dienstleistungen günstiger als ihre Konkurrenten aus dem Ausland anzubieten. Dass nicht nur die europäischen Nachbarländer das mit großem Unbehagen zur Kenntnis nahmen, wurde der bundesdeutschen Regierung unmissverständlich mitgeteilt. Europäische Nachbarländer

(Mitbewerber) konnten auf Grund ihrer Kalkulationsstruktur und der Furcht vor Ausschreitungen ihrer Bevölkerungen ähnliches wie die Agenda 2010 nicht umsetzen.

Der damaligen Rot-Grünen-Bundesregierung unter Bundeskanzler Gerhard Schröder war die Nähe zur Finanzgewalt jedoch so wichtig, dass sie einen Großteil der Erwerbstätigen Bevölkerung an den Rand der Gesellschaft drängte und diese Menschen damit in große Zukunftsängste stürzte.

Arbeitslosenzahlen auf das Übelste zu kaschieren hat Tradition!

Um bei diesem politischen Vorgang die Arbeitslosenzahlen noch besser kaschieren zu können, wurde den Unternehmern der Weg zu „flexibleren" Arbeitsverträgen mit einem extremen Ausbau der Leih- und Zeitarbeits-verhältnisse geebnet. Politisch war das von allen im Bundestag vertretenen Parteien gewollt und wurde auch von den Gewerkschaftsvertretern - inklusive der extremen Lockerung des Kündigungsschutzes – abgesegnet.

Die Phrase mit dem Aufbau einer eigenen Altersversorgung für einen Großteil der Bevölkerung

Jetzt werden durch das Besetzen der Teilzeit- und Leiharbeitsplätze mit arbeitslos gemeldeten, arbeitsuchende Menschen Arbeitsstellen im Niedriglohnsektor besetzt, von denen die Arbeitnehmer zwar nicht leben können, obwohl sie meist die gleiche Arbeit verrichten müssen wie ihre vollbeschäftigten, Arbeitskollegen. Und oft sind ihre abzuführenden Sozialversicherungsbeiträge so gering (wenn überhaupt Sozialversicherungsbeiträge abgeführt werden), dass damit eine Altersversorgung absolut nicht aufgebaut werden kann. Aber in der Arbeitslosenstatistik tauchen diese ausgebeuteten Arbeitnehmer und Arbeitnehmerinnen nicht mehr auf! Arbeitslose, die in einer Qualifizierungsmaßnahme sind, sowie Ein-Euro-Jobber werden ebenfalls aus der Arbeitslosenstatistik gelöscht. Zu allem Überfluss werden Leiharbeiter/innen und Teilzeitbeschäftigte von ihren Kollegen dann auch noch wie Menschen zweiter Klasse behandelt. Und das konnten Politiker nicht vorhersehen? – Ich glaube, es hackt!!

Das alles hat zur Folge, dass Unternehmer „ganz überraschend" die Situation bis zum heutigen Tag extrem für sich ausnutzen und in ihren Betrieben versicherungspflichtige Vollarbeitsplätze abbauen, um dafür mehrere Teilzeitarbeitsverträge abzuschließen. Diese Arbeitsplätze werden oft sogar mit staatlichen Geldern (Steuergeldern) bezuschusst; zum Beispiel dann, wenn ein Unternehmer <u>bereit ist, einen Langzeitarbeitslosen einzustellen</u>, den man dann (oh Wunder!) aus der Arbeitslosenstatistik streichen kann.

Die Regierung prahlt noch damit, dass „viele Arbeitsplätze geschaffen wurden" und die Beschäftigtenzahlen so hoch sind, wie lange nicht mehr. Dreister geht es wohl nicht?

Wohl wissend, dass Millionen von Arbeitsplätzen ***verloren*** gingen und die Arbeitslosen (auch die Langzeitarbeitslosen) nur deshalb arbeitslos sind <u>weil sie keinen Arbeitsplatz mehr haben</u> - werden Menschen, die sich nichts zuschulden kommen ließen, mit Hilfe populistischer Massenmedien pauschal als Faulenzer verunglimpft und – noch schlimmer – des Steuergeld- und oder des Sozialleistungs-Missbrauchs verdächtigt, oft sogar pauschal kriminalisiert. Dass viele Empfänger von Transferleistungen neben ihrem Schamgefühl, nicht selbst für ihren Unterhalt sorgen zu können, extrem eingeschüchtert sind, ist perfides Kalkül der Politik und sorgt für stilles Ertragen, anstatt zu aufrührerischen Protesten der Betroffenen. Ein Hoch dem Deutschen Michel!!

Um das alles nachhaltig zu untermauern, kam man auf die Idee, die Bedingungen für eine Arbeitsaufnahme drastisch zu verschärfen. Jeder Langzeitarbeitslose muss jede zumutbare Arbeit annehmen. Was zumutbare Arbeit ist, entscheidet der jeweilige Sachbearbeiter, der oft seine ungerechtfertigte Kompetenz ausspielt, obwohl er selbst nicht genügend qualifiziert ist. Das belegen die vielen gewonnenen Prozesse von Betroffenen Hartz IV-lern vor den Sozialgerichten! Wenn der/die „Kunde/in“ eine unzumutbare Arbeit nicht annimmt oder auch nur zu einem anberaumten Termin nicht erscheint, wird ihm/ihr bereits beim ersten Mal die finanzielle Leistung (ALG. II) um 30 % gekürzt. Hier wird perfide die Abhängigkeit von ökonomisch Schwachen zur Durchsetzung einschüchternder, menschenverachtender Politik ausgenutzt. Das bedeutet nichts anderes, als dass er/sie - eh nicht vom Glück begünstigt - zur Zwangsarbeit verpflichtet ist, was laut Grundgesetz nur bei verurteilten Straftätern möglich ist. Aber der Staat spart ja Geld ein!

Das heißt: Hier wird ein Grundrecht missachtet. Mit gesellschaftlicher Akzeptanz werden Langzeitarbeitslose mit verurteilten Straftätern (Verbrechern) gleichgesetzt. – Das ist die reale „Gerechtigkeitspolitik“ unserer sozialen Demokraten aus allen im Bundestag vertretenen demokratischen Parteien!

Wiederholung!

Sozialämter, Arbeitsagenturen sowie auch die einschlägigen Eigenbetriebe der Landkreise machen sich durch ihren oft menschenverachtenden Umgang mit Bedürftigen zu <u>Behörden der übelsten Sorte!</u>

Das alles zusammengefasst ist die Agenda 2010 – nicht nur Hartz IV!

Wenn Prominente über die Agenda 2010 von einem „Erfolgsrezept“ sprechen, dann möchte man die Macht haben, diese Zeitgenossen rechtskräftig dazu zu verurteilen, mindestens ein Jahr lang unter Hartz-IV-Bedingungen zu leben.

Das Demokratieverständnis lässt bei vielen Bürgern der BRD sehr zu wünschen übrig. Das deutsche Volk ist wenig demokratisch, um nicht zu sagen, antidemokratisch, und das ist der Kernpunkt des Elends bei der Gerechtigkeitsauffassung in unserem Land.

Die Väter und Mütter unserer Verfassung haben aus gutem Grund **keine Verpflichtung an das Beziehen von Sozialleistungen geknüpft.** Es darf nicht ignoriert werden, dass es Menschen unter uns gibt, die nur geringe oder gar keine Leistung erbringen KÖNNEN!

Entweder fehlt einigen Mitmenschen, zum Beispiel vielen sogenannten „Liberalen“ für diese Erkenntnis die Intelligenz, oder sie finden Sklaverei nur schlimm, wenn man kein Sklavenhalter ist. Hier wird der demokratische Gleichbehandlungsgrundsatz (GG) ein weiteres Mal mit Füßen getreten.

Das Schlimme daran ist: Es finden sich immer genügend „Gutmenschen“ **(Nützliche Idioten)**, um ungerechte Politik umzusetzen, oft sogar mit Lust an der Sache, wie das schikanöse Verhalten mancher Fallmanager (Sachbearbeiter) beweist. Die Schriften Kurt Tucholskys zu diesem Thema, die **vor 1930** verfasst wurden, haben an Aktualität nichts eingebüßt:

„Sie (kleine Sachbearbeiter) sind beseligt, auf andere heruntersehen zu dürfen. Es ist die infernalische Lust, den Nebenmenschen ungestraft zu treten. Es ist die deutsche Lust, im Dienst mehr zu scheinen, als man im Privatleben ist.“ (aus „Wir Negativen“).

Bei der Kritik am oben erwähnten schikanösen Verhalten von Sachbearbeitern wird den Kritikern von deren Vorgesetzten und sogar von Teilen der Justiz vorgehalten, dass diesen Bediensteten nichts vorzuwerfen ist und sie nur ihre Pflicht erfüllen. Aber genau das ist ja das Problem, das ich damit habe:

Bei vielen öffentlich Bediensteten wird bei ihrer lustvoll-geistigen Inhalation des Begriffs der Pflichterfüllung sogleich ihre persönliche geistig-moralische Verantwortung von ihrem Diensteifer quasi ermordet.

Der Kadavergehorsam, den der große Preuße Friedrich II. einforderte, hat zu jener unpersönlichen Pflichterfüllung geführt, die bis zum heutigen Tag als Vorwand für gewissenlose Agitation von insbesondere Teilen der Exekutivkräfte wie Polizei, Militär und öffentlicher Verwaltung missbraucht wird. In diesem Zusammenhang ist eine Tatsache ganz klar zu benennen: Ein

Wiedererstarken der Rechtsextremen kann vielen Exekutivkräften eines Landes nur Recht sein. Den meisten – gerade der beamteten „Überwacher“ von Gesetzen – ist eine noch größere Machtausstattung doch Wasser auf deren Mühlen, und man kann sicher sein: Diese Typen würden ihren Machtgewinn hingebungsvoll ausnutzen und lustvoll auskosten. Moralisch verwerfliche Gesetze werden dann ihren Weg sehr viel leichter in die tägliche Anwendung finden!

„Warnung vor diesen Pflichtautomaten! Sie bereiten den Weg in die Dekadenz, im Dritten Reich hat es sogar in den Idiotismus geführt“. Die „Vaterland“ brüllenden Nazis waren, sind und bleiben Idioten. Sie waren und sind äußerst **„nützlich“**(!).

Eine gedankliche Brücke zu der menschenverachtenden Politik der öffentlichen Verwaltung des Dritten Reiches, die in die bekannten Katastrophen geführt hat, ist absolut gerechtfertigt und nicht zu erschüttern. Es ist als fatal zu bezeichnen, wenn man weiß, dass federführende Administratoren der heutigen öffentlichen Hand in unserem Staat Personen für eigentlich verabscheuungswürdige Exekutivarbeiten rekrutieren, die intellektuell eingeschränkt und/oder charakterlich prädestiniert sind, Anweisungen bedenken- und gewissenlos auszuführen.

Die eigentliche gesellschaftlichspolitische Absicht der konservativen, liberalen wie sozialen Volksvertreter war es, das Lohnniveau für versicherungspflichtige Arbeit in Deutschland insgesamt zu senken, was durch den Niedriglohnsektor und die latente Angst, den Arbeitsplatz zu verlieren, hervorragend funktioniert. Dass deshalb viele Arbeitnehmer, die keinen full-time-job haben, gezwungen sind, den erniedrigenden Gang zur Behörde auf sich zu nehmen, um wenigstens auf den Hartz-IV-

Satz zu kommen, ist in erster Linie der „Gerechtigkeitspolitik" der Sozialdemokraten in Deutschland zu verdanken. Von deutschen sozialdemokratischen Politikern kam die Äußerung: „Deutschland wird in ganz Europa für diese Arbeitsmarkt-Politik gelobt." - Wie DUMMDREIST ist das denn? Oft hört man auch wieder den Spruch: „Bei jeder Sauerei ist die SPD mit dabei!".

Armutsgrenze

Wichtig ist es, zu begreifen, dass allen politischen Kräften klar ist, dass dieses kapitalistische Gesellschaftssystem nur dann funktioniert, wenn mindestens ein Viertel oder gar ein Drittel der arbeitenden Bevölkerung (inklusive ihrer Familien) auf Dauer an oder unter der Armutsgrenze leben. Dieses Gesellschaftssystem braucht seine modernen Sklaven, damit das Unten in unserer Gesellschaft bestehen bleibt. Die Abhängigkeit der unteren Bevölkerungsschicht zu fördern, ist ein absolutes MUSS für diese inhumane Politik. Und manche Personen bezeichnen diese Politik sogar als christlich(!)

Es wird in diesem Zusammenhang jedoch absolut nachvollziehbar, warum ein Großteil der wahlberechtigten Bevölkerung bei politischen Wahlen nicht mehr zur Wahlurne geht. Geringverdiener, „Aufstocker", Ein-Euro-Jobber, Arbeitslosengeld-II-Empfänger, Sozialhilfe-Empfänger, Alleinerziehende und Grundsicherungsbezieher können doch wählen, was sie wollen; sie wissen genau, dass die im Bundestag vertretenen Parteien – egal, ob sie in Regierungsverantwortung stehen oder die Oppositionsbänke drücken – keine Interessensvertreter für ihre Anliegen sind.

Die Agenda 2010 unter Gerhard Schröder hat für jeden erkennbar bewiesen, dass sich die rot-grüne Koalition ungeniert für das Kapital prostituierte. Von den „Schwarzen“ und „Gelben ist nichts anderes zu erwarten; das weiß der Souverän aus der jeweiligen Parteihistorie.

Dass allerdings ausgerechnet die „Sozis“ wieder Verrat an sozial schwachen Mitbürgern (am „Arbeiter“!) begingen lässt mich schaudern. Noch vor ein paar Jahren konnte und wollte ich mir nicht vorstellen, dass sich die Bevölkerung in Deutschland noch einmal zu einer unmoralischen Gesetzgebung stillschweigend verhalten würde. Der aktuelle politische Umgang mit Flüchtlingen hat mich in die Realität des unrühmlichen Gemüts der „hässlichen Deutschen“ zurück gebracht.

Für Jedermann ist eigentlich zu erkennen, dass sich neben den Unterschichten der Gesellschaften mittlerweile bereits die Mittelschichten der Völker – die Bevölkerungsgruppen, die einen Staat überhaupt am Leben erhalten – immer mehr von ihren Politikern abwenden, weil sie sich nicht mehr genügend vertreten, verstanden und berücksichtigt fühlen. Man muss kein Prophet sein, um zu sehen, dass es in naher Zukunft in den meisten demokratischen Ländern (insbesondere in Europa) zu tumultartigen Unruhen kommen wird. Die Spar-, Schulden-, Finanz- und Arbeitsmarktpolitik wird in dieser Form mit Sicherheit nicht mehr akzeptiert werden. Nicht nur in den europäischen Ländern zeichnet sich neben Griechenland, Spanien, Frankreich, Portugal und Italien schon jetzt eine Aufbruch-Stimmung gegen die EU- (Merkel’sche) Politik der Staatsfinanzen Konsolidierung ab.

In diesen fünf Ländern bestand 2014 eine durchschnittliche Arbeitslosenquote von über 40 %, allein unter Jugendlichen! Diesen jungen Menschen ist es schlicht egal, ob der Staat einen ausgeglichenen Haushalt aufweist oder nicht, wenn sie wissen, dass die Politik nur für die Topverdiener gemacht wird, und die anderen Bevölkerungsschichten weitgehend keine Berücksichtigung finden.

Perfide unterstelltes Versagen

Passend dazu: In den Massenmedien wird den an den Rand gedrängten, „abgehängten" Bürgern in dieser für sie unschönen Zeit verstärkt die Glitterwelt der Schönen und Reichen, den VIPs, präsentiert, damit sie sich ihres unterstellten Versagens bewusst bleiben, ehrfürchtig nach oben schauen und es nicht wagen, zu rebellieren. Hier werden perfide Opferdeklarationen in unterschwellige Akzeptanz gebracht. *(Frei nach dem Motto: „Das ist halt so, da kann man nichts machen!")*

Selbst öffentliche TV-Sender berichten ganz Wichtig, dass eine VIP sich zweimal umziehen musste, weil ihre Kleidung einmal mit Tomatensaft und einmal mit Schlamm beschmutzt wurde, oder dass der königliche Nachwuchs bald sein erstes Zähnchen bekommen wird. Wie krank, wie krank, wie krank ist das alles!

Das Wahlrecht konsequent ausüben

Ausländerfeindlichkeit als Reaktion auf die Unzufriedenheit aus der Mitte der Gesellschaft.

Sicher, die Flut von Informationen ist nicht leicht zu bewältigen. Aber es ist nötig und äußerst wichtig, dass jeder einzelne Bürger sich viel intensiver und kritischer mit den täglich auf ihn einprasselnden Nachrichten auseinandersetzt. Und dass er nicht nur kurz vor politischen Wahlen aktuelle Themen verarbeitet, um sich dann nach den Wahlen wieder gemütlich zurückzulehnen! Es ist eben keine Phrase, es gilt hier insbesondere: „Nach der Wahl ist immer vor der Wahl“! Als überzeugter Demokrat kann ich nur anmahnen, das Wahlrecht kritisch wahrzunehmen. Es braucht nicht wirklich eine FDP, und schon gar keine AfD oder Pegida, um unsere Gesellschaft gerechter zu machen! Es braucht mutige, kritische, selbstbewusste Bürger, die alles hinterfragen, die sich nichts gefallen lassen und die allen „Obrigkeiten“ die Stirn bieten. Das ist Demokratie, wie ich sie verstehe!

Die hoffentlich vorübergehenden Zuläufe bei fremdenfeindlichen Organisationen kommen größtenteils aus der Mitte der Gesellschaft, sie sind in der Regel jedoch nur Ventile für unzufriedene, mit Zukunftsangst beladene Menschen aus der „Mittel- und Unterschicht“.

Es ist eben nicht eine Minderheit unterbelichteter oder unterschichtiger Krakeeler die AFD und Pegida Zuläufe bescheren. Es sind u. a. Menschen aus der Mittelschicht, die Angst haben abzusteigen, die Angst haben durchgereicht zu werden und trotz „full-time-job“ unweigerlich in der Altersarmut landen werden, weil sie nicht in der Lage sind, sich eine eigene Altersversorgung aufbauen zu können.

Geringe Wahlbeteiligungen

Es sind Menschen, die Transferleistungen beanspruchen müssen, um wenigstens auf Hartz-IV-Niveau zu kommen, obwohl sie eine Vollzeit- Arbeitsstelle haben. Es sind Menschen, die sich in ihrer Intelligenz beleidigt fühlen, wenn ihnen von der Politik vorgeprahlt wird, mit welch hervorragenden Arbeitsmarktzahlen die Regierung aufwarten kann. Sie wissen, dass die Arbeitsmarktzahlen aufs SCHÄBIGSTE kaschiert sind! Der betroffene Souverän weiß, dass er mit seiner Wählerstimme bei seiner Regierung keine Besserung für sich erreichen kann! (Hier wiederhole ich mich gern!)

Die „Politik“ muss endlich realisieren, dass unser ungerechtes Verteilungssystem durchschaut und in dieser Form nicht länger akzeptiert wird, und dass es nur eine Frage der Zeit ist, bis sich der Unmut eines Großteils der Bevölkerung in noch weit größerem Ausmaß äußern wird.

Nur Träumer können kritische Menschen dazu bewegen, zu glauben, dass Gesellschaften gerechter werden. Es geht in diesen Zeilen letztlich um nicht weniger als darum, ganze Gesellschaften zum Besseren umzukrempeln. Es geht in erster Linie darum, mit einfachen klaren Worten zu mehr kritischem Hinterfragen von Informationen anzuregen.

Wenn es gelingt, dass mehr Menschen nicht nur populistische Nachrichtenmedien in der Regel als Volksverdummungs- und Täuschungsmechanismen begreifen, werden meine Zeilen ihren bescheidenen Zweck erfüllen!

ABUSE OF POWER COMES AS NO SURPRISE (Bild von Jenny Holzer)

Menschenrecht

Vom ersten Tag der Geburt an (wie immer man die zeitliche Geburt definieren will) steuert auch jedes menschliche Leben auf Unfall, Unglück, Behinderung, Krankheit und Tod zu. Aus diesem Grunde ist es völlig legitim, wenn jeder einzelne Mensch die Zeiten zwischen diesen Extremen mit so viel positiver Lebensqualität füllt, wie ihm möglich ist!

Dass Menschenrechte eine europäische „Erfindung" sind und erst seit der Epoche der Aufklärung vor ca. 300 Jahren überhaupt eine Rolle spielen, gereicht den Hochkulturen – egal, ob Azteken, Inkas, Mayas, Ägyptern, Römern, Griechen, Chinesen und allen anderen – nicht zum Ruhme. Wie Gesellschaften als Hochkulturen begrifflich oft ehrfurchtsvoll eingeordnet werden konnten, ohne dass Menschenrechte dabei auch nur ansatzweise Beachtung fanden, will sich mir nicht recht erschließen.

Wenn es nur darum geht, dass die absolut bewundernswerten Bauten und Erfindungen der Menschheit als hochkulturelle Leistungen zu bewerten sind, so hat das natürlich seine Berechtigung. Wenn es aber darum geht, wie diese Leistungen möglich gemacht wurden, dann könnte man zu der Auffassung kommen, man hätte vielleicht besser auf so manche Errungenschaft verzichtet. (Fortschritt um jeden Preis hinterlässt immer Opfer! Und Fortschritt ist nicht automatisch ein <u>guter</u> Schritt nach vorne!)

Fast ausnahmslos wurden die profanen, wie die sakralen Bauten mit dem Blut der bedauernswerten MENSCHEN errichtet, die ihre handwerkliche Arbeit mit ihrer Gesundheit oder gar ihrem

Leben bezahlen mussten und das bei einem Unterhalt durch ihre Brotherren der bestenfalls der von Tierhaltung entsprach. Es ist absolut keine Kunst, mit unbegrenzt zur Verfügung stehendem rechtlosem Menschenmaterial „Großes“ zu vollbringen.

Das verbriefte Menschenrecht ist die wichtigste gesellschaftliche „Erfindung“ der Europäer überhaupt! Leider wird es bis zum heutigen Tag nicht wirklich ernsthaft angewandt.

Wenn Realpolitiker, wie ein Altkanzler der BRD und ein ehemaliger USA- Außenminister, im Stile menschenrechtlich sozialgeistiger Proletarier - vor laufender Kamera - das Menschenrecht Sachzwängen der internationalen Politik, also den internationalen politischen Interessenslagen unterordnen“, zeigt das nur, dass ihr Menschenbild von elitärem Snobismus geprägt ist. Sicher hätte der Altkanzler- in diesem Punkt - ein anderes Statement bei seiner öffentlichen Geburtstagsfeier zu seinem 95. Geburtstag abgegeben, wäre er nicht Leutnant des NS-Militärs, sondern Gefangener in einem Vernichtungslager der SS gewesen!

Leider hat er realpolitisch gesehen sogar Recht. Alle Regierungen, auch die klerikalen Führungspersönlichkeiten, gehen von seiner Sicht der Dinge aus. Das macht es ja gerade unmöglich, totalitäre und despotische Regierungen in die Schranken zu weisen. Die Aussagen, dass demokratische Administratoren im Rahmen der Globalisierung mit den Machthabern menschenverachtender Regierungssysteme diplomatisch verhandeln müssen, um einerseits eine Besserung für deren Volk zu erreichen und andererseits bei den ökonomischen Vorhaben nicht von anderen Administrationen abgehängt zu werden, zeigt die ganze Scheinheiligkeit in ihrer Beziehung zum Verständnis von Menschenrechten.

Wider die Gleichmacherei

Es ist nicht ratsam und sicher auch nicht durchführbar, für alle Menschen - nach dem Gleichheitsprinzip der humanphilosophischen Wunschdenker - die gleichen Voraussetzungen schaffen zu wollen. Menschen sind unterschiedlich und natürlich sind die einen leistungsfähiger und –williger als die anderen unserer Spezies. Inwieweit, bei Berücksichtigung dieser Tatsache, die Lehren der Sozialdarwinisten anzuwenden sind, muss jeder für sich in sein Weltbild einbauen und dafür bereit sein, die Konsequenzen zu tragen, die sich daraus ergeben können.

Natürlich kann nicht akzeptiert werden, dass durch Anwendung der Eugenik politische, rassistische, sozialpolitische, religiöse, kulturelle oder gesellschaftliche Differenzierungen zwischen Volks- oder Gesellschaftsschichten faschistoid vorgenommen werden.

Wichtig ist, dass niemandem das Recht abgesprochen werden darf, nach seinem persönlichen Lebensmodell leben zu wollen. Das ist Demokratie, wie ich sie verstehe!

Es wird wohl leider nicht gelingen, die gewachsenen/eingefahrenen Gesellschaftsstrukturen zum kollektiven Nutzen der gesamten differenten Gesellschaftsordnungen zu ändern. Es bleibt einzig die Hoffnung, durch eine weitere radikalere Aufklärung, vor allem dem Klerus, aber auch der gesellschaftlichen und politischen Obrigkeit die Masken vom Gesicht zu reißen und ihnen ihre Unwahrheiten (Lügen), Täuschungen und oft kriminelles Handeln als Spiegel vorzuhalten und ihnen ihre Verantwortlichkeit für unsere in Schieflage geratene Gesellschaft als Klage klar zu machen. Schließlich waren und sind es diese Protagonisten, die das Lügen, Täuschen und Überfordern erst salonfähig gemacht haben und immer noch machen.

Selbst versicherte Ehrenwörter von Personen mit eigentlicher Vorbildfunktion sind aus diesen Gründen oft nach sehr geringer Halbwertzeit nur noch Makulatur. Für eine Besserung charakterlicher Eigenschaften ist vor allem die Psychologie mit der Psychoanalyse gefragt.

Mein Appell geht an Buch- Film- TV- Radio- und Printautoren entsprechende aufklärerische Werke so aufreißerisch zu verfassen, wie es ihnen bei Mord- und Totschlaggeschichten hervorragend gelingt.

Es ist wirklich unerträglich, dass halb irre und irre Psychopathen als „Führer bzw. Lenker“ ganze Bevölkerungen terrorisieren, sich als Richter und Henker aufspielen und von den sogenannten Humanisten und Demokraten ungeniert hofiert werden, nur weil ökonomische und politische Sicherheitsinteressen „zum Wohle des eigenen Volkes“ vorgeschoben werden.

Regierungen als Gegner der Massen

Jeder Staatsbürger muss sich immer wieder vor Augen halten, dass Regierungen nicht in erster Linie zum Wohle des ganzen Volkes einer Nation regieren, sondern sie regieren in erster Linie für Gruppen von Menschen, von denen sie sich die meisten Vorteile für sich und ihre Parteien erhoffen. Hallo! Hier geht es meist in erster Linie um ganz persönliche Eigeninteressen der jeweiligen Machthaber.

Ein geradezu klassisches Beispiel dafür hat im deutschen Bundestagswahlkampf 2013 der Herausforderer der Bundeskanzlerin Angela Merkel, Herr Steinbrück, eindrucksvoll geliefert, als er erklärte: „Ich will Bundeskanzler werden, in einer Regierung Merkel stehe ich nicht zur Verfügung! Sekt oder Selters!"

Hier wurde ganz deutlich, dass es diesem Menschen nicht um das Wohl des deutschen Volkes geht, sondern um persönliche Eitelkeiten. Nun gut, der Kelch ist ja zum Glück an uns vorübergegangen, aber die Wertesicht dieses Zeitgenossen ist absolut kein Einzelfall.

Menschenrechtsverletzungen innerhalb autonomer souveräner Länder werden nur sehr zögerlich und „hoch diplomatisch" behandelt, was immer wieder hunderttausenden von Menschen das Leben kostet. Hier sei nur am Rande die Frage gestellt, was die Völkergemeinschaft bewegt, Menschenrechtverletzungen in großen Umfängen zu ignorieren? Wofür brauchen wir Organisationen und Bündnisse zum Schutz von Menschen, wenn dann Bedürftigen im Notfall nicht genügend oder gar nicht beigestanden wird. Warum wird in Afrika, im Vorderen Orient oder wo auch immer, nicht beherzt und konsequent eingegriffen?

Es ist absolut keine neuere Zeiterscheinung, dass ganze Völker ihren Schlächtern schutzlos ausgeliefert bleiben. Das war auch im Zweiten Weltkrieg so: Warum haben z. B. die späteren Siegermächte des Zweiten Weltkriegs, insbesondere die Russen, die Engländer und die Amerikaner nicht die Krematorien oder wenigstens die Bahnlinien zu den Vernichtungslagern des Nazi-Regimes bombardiert, obwohl die Briten als Erste schon 1941 von den Massenerschießungen jüdischer Russen wussten? Durch Aufklärungsflüge und Augenzeugenberichte war den Alliierten bekannt, welch schreckliche Verbrechen in den KZs geschahen. Die Krematorien und Bahnlinien in Auschwitz hätte man ab 1944 sehr wohl zerstören können, um wenigstens die Deportation von 400.000 ungarischen Juden zu verhindern.

„Am bedrückendsten ist das Schweigen der westlichen Führungen und der Medien. Das Verbrechen dieses Jahrhunderts fand keine Publizität. Es fand kein gewaltiger Aufschrei statt, keine intensive, durchorganisierte Kampagne mit Rundfunksendungen und Flugblättern, die wenn schon nicht Hitler und die Seinen, so doch den zahllosen Kollaborateuren und vielleicht auch den „Nicht-Nazis" in Deutschland und Österreich gezeigt hätten, dass den Alliierten das Schicksal der Juden nicht gleichgültig war." (Hans Rauscher, DER STANDARD, Print-Ausgabe, 26. 01. 2004)

Oder war es den Alliierten doch egal, was mit diesen Menschen geschah?

Man müsste ja vielleicht damit rechnen, dass sich ausländische Regierungen auch in die eigenen Verfehlungen einmischen. (Man hat ja schließlich eine Verantwortung für das eigene Volk!). Wie erbärmlich sich westliche demokratische Regierungen, die EU und die Nato aktuell zum Beispiel im Falle Syriens, Nigerias und auch Russlands verhalten, ist nicht zu überbieten!

Es muss endlich weltweit klar gemacht werden, dass die Zeit für den Despotismus einzelner psychopathischer Schwächlinge abgelaufen sein muss, was meines Erachtens nicht nur über extremen ökonomischen Druck möglich ist. Dabei denke ich an allererster Stelle, den Export von Rüstungsgütern einzustellen. Klar werden Millionen von Arbeitsplätzen dabei verloren gehen, aber ich kann mir kaum etwas Schöneres vorstellen, als wenn Arbeitsplätze in der Rüstungsindustrie nachhaltig verloren gehen.

Die Schwachen sind gefährlich

Es sind nicht die Starken, die Schwachen, und erst recht jene „Schwachmaten", die militärisch aufgerüstet werden, sind brandgefährlich! Liebe/r Leser/in, halten Sie sich nur einmal vor Augen: In der Folge sterben dann Soldaten durch Waffen, die ihre eigene Regierung an ihre jetzigen Feinde verkauft hat. Das heißt: Der gefallene Soldat musste sein Leben lassen, damit sein Bruder in der Heimat seinen Arbeitsplatz in der Waffenindustrie behält. – Wie krank muss man sein, um den Export von Rüstungsgütern rechtfertigen zu können?!

Dass die zur Verfügung stehenden natürlichen Ressourcen auf unserem Planeten, wie unser Planet selbst, der gesamten Menschheit gehören, darf nicht als Anlass zu kriegerischen Agitationen genommen werden, wie es die USA als „Vorzeigedemokratie" gerne praktizieren.

Gesellschaftsordnungen

Die von Menschen erfundenen Gesellschaftsordnungen müssen nicht zwangsläufig eine hierarchische, von oben nach unten ausgerichtete Gerippe – *wie in der Einleitung erwähnt* – haben.

Es ist zwar nicht realistisch, aber durchaus denkbar, dass eine Gesellschaftsordnung ausschließlich auf das Wohl des Individuums ausgerichtet wird. Unsere Bundeskanzlerin Frau Merkel hat in ihrer Regierungserklärung, bei Arbeitsantritt der Großen Koalition 2014, den Menschen in den Vordergrund ihrer Politik gestellt. – Was soll man davon halten(?)

Der viel zitierte Spruch von John. F. Kennedy: „Frage nicht, was dein Land für dich tun kann, sondern frag, was du für dein Land tun kannst! “, ist einer einzigen Absicht geschuldet: Die obrigkeitliche Staatsgewalt und die bereits begangenen und künftigen Agitationen früherer und aktuell staatlich verantwortlicher Administratoren dürfen nicht in Frage gestellt werden.

Teuflischer und oft tödlicher Patriotismus

Durch patriotisches Einschwören des Einzelnen auf sein Land wird die feudale Gesellschaftsstruktur, das Oben und Unten

– auch und gerade innerhalb der Demokratien – immer wieder neu zementiert. JFK hat Intelligenteres von sich gegeben!

So wie der preußische Kadavergehorsam eines Friedrichs II (Alter Fritz) in Verbindung zu dem Holocaust des Zweiten Weltkrieges zu setzen ist, so ist der Militär- Patriotismus der US-amerikanischen Gesellschaft zu den imperialistischen Kriegen der USA in Verbindung mit den Geschehnissen und Folgen von My Lai, Abu Ghuraib, Guantánamo Bay auf Kuba und der US-politischen Administrationen zu sehen.

Kompetente Aufklärer müssen sich dringend zur Aufgabe machen, zumindest den potentiellen Vaterlandsverteidigern und

Vaterlandsverteidigerinnen endlich eindringlich folgendes klar zu machen: Kriegsheimkehrer werden auch als Sieger in der Regel nicht als Helden gefeiert, schon gar nicht, wenn sie kriegsversehrt zurückkommen! Im Gegenteil, „Kriegskrüppel“ werden in den meisten Ländern – egal ob es nützliche Idioten oder nur Idioten waren – als minderwertige, der Allgemeinheit (den Steuerzahlern) zur Last fallende Minderheit behandelt. Auch in diesem Bereich werden betroffene Menschen als Kostenfaktoren wahrgenommen und entsprechend mies behandelt. Als klassische Beispiele braucht man ihnen nur den unwürdigen Umgang unserer „gerechtigkeitsfanatischen Gesellschaft“ mit Armutsrentnern, Alleinerziehenden und Langzeitarbeitslosen vor Augen halten. Auch hier spielen die Gründe, für den jeweiligen meist unverschuldeten niederen realen Gesellschaftsstatus der Betroffenen, absolut keine Rolle.

Und, ehrenvoll das Vaterland zu verteidigen, erwies sich fast ausschließlich als Lüge und dumpfes Propagandageschwätz der jeweils Herrschenden.

Tatsache ist: Das Volk wurde meist durch den Größenwahn von psychopathischen Führungspersönlichkeiten (Herrschenden) als **nützliche Idioten** für ganz persönliche Eitelkeiten, in engem Zusammenspiel mit gewissenlosen Geschäftemachern, zur Macht- und Gewinnoptimierung missbraucht.

In allen Fällen hätte ein Offenlegen der politischen Intentionen ohne die falschen und verlogenen Verschwörungstheorien nie und nimmer zu den bekannten Katastrophen geführt.

ABUSE OF POWER COMES AS NO SURPRISE (Bild von Jenny Holzer)

Übrigens: Als Nebeneffekt hat auch J. F. K. die „Sozialstaatsmanie" der Durchschnittsamerikaner (die ihnen auch erst eingeimpft wurde) geschickt ausgenutzt. Den US-Amerikanern wurden unter dem Deckmantel der Wahrung der persönlichen Freiheit jedes Einzelnen, - die durch den Klerus und die Aristokratie in der alten Welt absolut verhindert wurde - also ohne staatliche Bevormundung und so wenig wie mögliche staatliche Einschränkungen, erfolgreiche sozialstaatliche Errungenschaften, die nach den Revolutionen von1689 in England, 1789 (Französische Revolution), in der napoleonischen Zeit, und nach der Märzrevolution 1848 in der alten Welt erkämpft wurden, als eine Art „Kommunismus – Ideologie" verkauft. Folglich sind den meisten US- Bürgern sozialstaatliche Gesetzgebungsbestrebungen höchst suspekt. (Siehe die aktuelle Gesundheitsreformbestrebung von Präsident Obama) Somit werden den Schwachen im Volk notwendige Hilfeleistungen der Solidargemeinschaft auf gesetzlicher Ebene vorenthalten.

Sicher, in den Vereinigten Staaten von Amerika schlugen sich die Erfahrungen mit dem Absolutismus, insbesondere aus England und Frankreich, auf den Freiheitswillen der Neusiedler in der Neuen Welt nach 1776 nieder, was im Common Sense (Verfassungsentwurf von Thomas Paine) schon seinen Ausdruck fand. Aber auch hier bezeugen die arroganten, menschenverachtenden Umgänge der „Weißamerikaner" mit den Ureinwohnern Amerikas (Indianer) und mit den afroamerikanischen Sklaven - damals wie heute - die mangelhafte Umsetzung des Gesellschaftsvertrages. Im Übrigen hat dieser Vertrag bis zum heutigen Tag, in der konsequenten

Praxis, nicht zum gleichberechtigten Schutz durch den Staat für alle US- Bürger geführt.

Wenn der Staat nicht zuerst und **vornehmst** für den schwächsten seiner Bürger da ist, ist der Staat für den Einzelnen überflüssig, dann braucht der Einzelne den Staat gar nicht und muss sich nicht allgemeingültigen, für ihn negativen Regeln (ausgenommen strafrechtliche Aspekte) unterwerfen.

Wenn die Familie, aus welchen Gründen auch immer, für das schwächste Familienmitglied nicht sorgen kann, hat die Allgemeinheit, hat der Staat die alleinige Sorgfaltspflicht für diesen Menschen. Hier alleine liegt die staatlich demokratische Legitimation gegen Despotismus und Anarchie!

Der Satz „Allgemeinwohl geht über das Einzelwohl" erweist sich in diesem Kontext ebenfalls als Fehler in der Konstruktion der Staatsideologien. Was allerdings an den Regeln für das soziale Zusammenleben im Großen nichts ändert. Hier geht es einzig darum, dass das persönliche Wohlergehen nicht mit Füßen getreten werden darf.

Dass Feudalherrschaften ihre Privilegien um jeden Preis durchsetzen und erhalten wollen, hat die Geschichte zur Genüge gezeigt und nicht zuletzt zu den großen Revolutionen in Europa (wie in anderen Teilen der Welt) geführt! In diesem Zusammenhang spielten Naturkatastrophen, die zu massiven Ernteausfällen führten (Trockenperioden, Vulkanausbrüche in Island 1783-1788) eine untergeordnete Rolle. Ob es der Adel und der Klerus unter Ludwig dem XVI. waren, die es abgelehnt haben, Steuern für ihre Einkünfte zu zahlen, - die sie sich meist schmarotzt, geraubt, erpresst und durch Frondienste ihrer

Leibeigenen regelrecht rausgepresst haben - und das, obwohl die Staatskassen wegen teurer Kriege (Vorherrschaftsbestrebungen in der Neuen Welt) und übermäßigem dekadentem Lebenswandel der Adeligen in den Hofstaaten, leer waren. Oder ob es heute aktuelle Wohlhabende mit Topeinkommen sind.

Bis zum heutigen Tag sind die „Obrigkeiten“ in erster Linie sich selbst die Nächsten und brauchen – um nicht zu sagen, missbrauchen – den „gemeinen Bürger“ als „eierlegendes Wollmilchschwein“. Es ist halt die Masse, die am wenigsten Einfluss hat und die es am besten zu schröpfen geht. Bis zum heutigen Tag hört man jedes Mal einen Aufschrei, wenn es darum geht, Besserverdienende mit höheren Steuern an den Kosten für die Allgemeinheit zu beteiligen! Diese aufschreienden Zeitgenossen sind in ihrem Sozialverhalten einfach nur als erbärmlich zu bezeichnen (die wirklichen, echten Asozialen)!

Letztliche Sinnlosigkeit des Lebens

Gehen Sie mit mir gedanklich einmal davon aus, dass es den Sinn des Lebens letztlich nicht gibt. Somit wären alle menschlichen Zeit- und Raumeinteilungen und in Gesetzen festgeschriebenen Verhaltensregeln für unseren Planeten und das Universum völlig unbedeutend. Es wird dann sehr schnell klar, welcher eng befristeten und eng begrenzten, verlogenen Scheinwelt wir unser gesamtes Wirken, Denken und unser Dasein unterordnen. Und sind nicht die von uns Menschen aufgestellten Regeln kausal dafür verantwortlich, dass der Tod für uns Menschen letztlich sinnbehaftet ist?

Sicher kann keine menschliche Gesellschaft ohne allgemeingültige Regeln bestehen, weil wir so sind, wie wir sind. Muss es jedoch in dieser Art und Weise sein? Es ist davon auszugehen, dass ohne Umdenkprozesse des Homo Sapiens das Ende der Menschheit schneller erreicht wird, als es durch die natürliche Entwicklung unseres Universums ohnehin geschieht. Aber auch das ist völlig ohne Bedeutung!

Exkurs: Der Mensch wird sich die Erde nie „UNTERTAN" machen können!

Die Intelligenz zum Umdenken, ein Leben mit positiver Lebensqualität für alle Menschen zu erreichen, ist uns Menschen gegeben. Sind wir Menschen aber nicht einfach zu egoistisch und zu dumm dafür zu sorgen, dass wir für ein erfülltes glückliches Leben - <u>für alle auf der Erde lebenden Menschen</u> - in der uns zur Verfügung stehenden Generationenzeit sorgen können?

Die Spezies Mensch (der Einzelne) nimmt sich viel zu wichtig, als dass wir vom Mikrokosmos ernst genommen werden könnten. <u>Sie, die Natur, der Mikrokosmos hat letztlich die ALLMACHT, und das ist die einzige „Gottheit" die es zu respektieren gilt!</u>

Lebensqualität

Selbst den Menschen, die nicht in der Lage sind – aus welchen Gründen auch immer –, ein eigenes Lebensmodell für sich zu entwerfen, dürfen die Voraussetzungen für eine bestmögliche Lebensqualität nicht vorenthalten werden.

Dabei ist unbedingte Voraussetzung, dass jeder gesunde Mensch die Möglichkeit bekommt, von seiner geleisteten Arbeit (Vollzeit- Arbeitsstelle) seinen Lebensunterhalt eigenständig bestreiten zu können, was für einen sozial verträglichen und glücklichen Lebensstil für Menschen, die die Architekten und Bauherren ihres Lebens sein können, kein Hindernis darstellen würde. Zum Glück sind alle Menschen in ihren individuellen Anlagen unterschiedlich, und zum Glück gibt es Menschen mit sozialem Gewissen, die schwächeren Mitbürgern aus innerer Überzeugung unterstützend zur Seite stehen.

Diese These wäre einem sozial verträglichen Lebensstil des Individuums innerhalb der jeweiligen Gesellschaften mit ihren allgemeingültigen Regeln und Gesetzen in keiner Weise konträr, wenn das menschliche Individuum in seinem Sozialverhalten ehrlicher zu sich selbst wäre, und wenn es weniger gegen seine eigene Überzeugung – oft sogar gegen seine eigene Intelligenz – entscheiden und handeln würde.

Rebecca West bemerkte einmal, es sei einer der größten Fehler der menschlichen Zivilisation gewesen, dass sie sich geweigert habe, denen, die die harte, aber wesentliche Basisarbeit leisten, die Nahrung aller anzubauen, gebührende Beachtung zu schenken oder gebührenden Lohn zu bezahlen (Christopher Hitchens über Thomas Paine „Die Rechte des Menschen").

Bis zum heutigen Tag wird jenen, die die wirkliche Leistung erbringen, um Staatsapparate am Funktionieren zu halten, eine gerechte Entlohnung vorenthalten. Daran ändert z. B. auch ein gesetzlich festgeschriebener Mindestlohn in der BRD nicht das Geringste! Wie erbärmlich sogar gegen diesen MINDESTLOHN von Seiten mancher Politiker argumentiert wird, bekam jeder Bürger fast täglich in den Nachrichten zu hören und zu lesen.

Dieser vermeintlich triviale sozialökonomische Ansatz von Rebecca West hat viel mehr Tiefgang, als es dem ersten Anschein nach hergibt. Es waren nicht erst diese Fehler der menschlichen Zivilisation, die das soziale Zusammenleben der Menschen in ein Missverhältnis zu Gunsten von Ausbeutern, Schmarotzern und kriminellen Psychopathen brachten.

Der Kardinalfehler des natürlichen Lebens auf unserer Erde ist, dass organisches Leben praktisch nur auf Kosten anderen organischen Lebens möglich ist:

Erklärungsversuch: Ein Raubtier reißt andere Lebewesen, weil es leben will. (Das Raubtier „muss" keineswegs leben, das gerissene Lebewesen lebt auch nicht mehr!) – Das Opfer, die Antilope, will auch nur leben. Die Antilope fühlt bei einem Angriff das grausamste aller Gefühle, das es mit dem Menschen und allen anderen Lebewesen gemeinsam hat – die Angst. Sie, die Antilope, wird gegen ihren Willen aus dem Leben gerissen, und zwar ohne Rücksicht darauf, ob sie Nachwuchs zu versorgen hat oder nicht. Es ist auch bei weitem nicht so, dass z.B. ein Löwenrudel nur schwache und kranke Tiere reißt. Das Rudel Löwen reißt das Tier, das gerade zu reißen zur Verfügung steht. Da kann es durchaus sein dass sich ein Tier bei der Hatz – eventuell durch ein anderes Tier aus der Herde behindert– in eine aussichtslose Position gebracht sieht und zum Opfer wird. Beispiel 2. Ein Krokodil das ein Zebra aus der Herde, die einen Fluss überquert, reißt schaut ganz genau ob das Tier auch wirklich krank, alt oder behindert ist(!!) Das ist übrigens ein Schwachpunkt den Sozialdarwinisten gern vertuschen.

Schon diese zwei Beispiele zeigen, welch grausames Geschehen sich millionenfach Tag für Tag auf unserer Erde abspielt. Meine besondere Erwähnung findet an dieser Stelle der Umgang von uns Menschen mit den Zuchttieren, die uns als Nahrungsressourcen dienen. Sie werden auf das Grausamste misshandelt, wozu nur wir Menschen in der Lage sind. Das Leiden dieser Tiere fängt bei der Aufzucht der bedauernswerten Kreaturen an und endet erst nach der Tierhaltung <u>erlösend</u> im Schlachthaus.

Das heißt: Wir Menschen sorgen dafür, dass Schlachtvieh lebenslangem Leiden und lebenslangen Schmerzen ausgesetzt ist.

Menschlichkeit!

Die positiven menschlichen Eigenschaften sollen gar nicht geleugnet werden, aber es wäre geradezu absurd, wollte man die negativen Attribute, wie Habgier, Neid, Geiz, Selbstsucht, Egoismus, Falschheit und vor allem die Grausamkeit, gegen die positiven menschlichen Regungen „aufwiegen". Der menschliche Geist verschreibt sich nun einmal dem Guten wie dem Bösen, und das oft gleichzeitig.

Es ist leider so, dass die Summe der positiven und negativen Eigenschaften zusammen die oft unzulänglich bezeichnete „Menschlichkeit" ausmacht. Also nicht nur die vielfältigen Hilfeleistungen und die Empathie, sondern auch die Falschheit, Gewissenlosigkeit, Ungerechtigkeit, Verlogenheit und Grausamkeit sind als Menschlichkeit klar beim Namen zu nennen. Was sich Menschen an grausamer „Menschlichkeit" untereinander antun, können keine anderen Lebewesen unter sich aufweisen (zum Glück).

So gesehen, ist es eine logische Konsequenz, dass durch den täglichen Überlebenskampf des Urmenschen, bei sich proportional entwickelnden geistigen und manuellen Fähigkeiten, beim Individuum alle menschlichen Eigenschaften ausbilden konnten, ja ausbilden mussten!

Gott und Religion

Ich bin nicht bereit, diese grausamste Perversion einem allwissenden, allmächtigen, barmherzigen, liebenden, gütigen „Schöpfer (Gott)" zu unterstellen!

Einen solchen „Vater“ zu respektieren, zu ehren oder gar anzubeten, wäre meine Perversion der besonderen Art!

Und ich bin erst recht nicht bereit, meinen gesunden menschlichen Geist (Verstand) zu geringschätziger Manipulation freizugeben; schon gar nicht durch die Religion.

Wenn Religionsvertreter und Religionsverbreiter argumentieren, dass unser menschlicher Verstand nicht ausreicht, das Wirken „Gottes“ zu begreifen, so geschieht das einzig, um zu verhindern, dass die Masse der Menschen den ihnen eigenen Verstand kritisch benutzt! Dieser verachtungswürdige Personenkreis gehört zu jenen despotischen Mächten, die den Gebrauch des Verstandes bewusst behindern, was ihnen leider immer wieder eindrucksvoll gelingt.

Die heilige Bibel

Als Paradebeispiele für absolut schwaches Schriftgut in der Bibel (**sie wurde von Menschen geschrieben**) seien hier nur das Buch- Hiob mit seinem irrwitzigen Inhalt und der Sündenfall in der „Heiligen Schrift“ erwähnt. Was in „Teufels Namen“ sollte den Schöpfer, mit dem Verbot von der Frucht des Baumes der Erkenntnis zu essen, bewogen haben, wenn er nicht eine unrühmliche Absicht damit verbunden hätte. Dieses Verbot macht sonst überhaupt keinen Sinn! Warum musste er den Menschen prüfen, wenn er nicht von einer sich selbst erfüllenden Prophezeiung ausgegangen wäre? Warum musste er den Menschen - den er nach seinem Vorbild erschaffen hat - überhaupt prüfen? Wie schwach muss jemand sein, wenn er seinen liebenden Anhänger (Hiob) samt seiner Familie in Elend,

Not, Krankheit und Schmerz stürzt, nur weil er von einem gefallenen Engel zu einer Wette genötigt wurde. Ein Fehler bei der Erschaffung? Wenn es nicht so traurig wäre, könnte man darüber lachen. Zum Glück gibt es ihn nicht!

Jeder Mensch sollte von den anderen Menschen als Mensch (kategorischer Imperativ von Kant, allerdings im Sinne positiver Menschlichkeit) gleich behandelt werden! In der 1,9 Millionen Jahre alten Menschheitsgeschichte (Homo Erectus) wurde dem Menschen zugleich mit der Angst das ***Gift des Glaubens*** von Anfang an verabreicht. Die verständliche, große Zukunftsangst des menschlichen Individuums wurde und wird unter anderem von den Religionsstiftern und -vertretern ebenso wie von weltlichen „Würdenträgern" dreist und hemmungslos ausgenutzt.

Die Realität zeigt, dass die bigotten Verhaltensweisen der Gesellschaften höchstes menschliches Gut sind. Die einzige Legitimation der Frömmigkeit kann nur sein, dass sie zur Gerechtigkeit des einzelnen Menschen und zum Erreichen positiver individueller Lebensqualität beiträgt. Dass der Mensch zur Buße – und ob der Erbsünde zum Leiden verurteilt – auf dieser Welt wandelt, ist an Unverschämtheit nicht zu überbieten.

Leider zeichnen sich menschlichen Gesellschaften dadurch aus, dass sie Ungerechtigkeiten gegen Minderheiten und Einzelne allzu leicht und gewissenlos hinnehmen. Was bewirkt, dass nur jene menschlichen Individuen, die Gerechtigkeit als Glücksfall akzeptiert haben, in der Realität der „Gerechtigkeitsgesellschaften" angekommen sind. Trotzdem, für bevormundende Dogmen und Agitationen fehlt den obengenannten verachtungswürdigen „Protagonisten" die Kompetenz. **Gott ist nicht existent!**

Religionen sind menschliche Erfindungen und dienen ihren vornehmsten Zwecken: „*1. der Verbreitung von Angst und Unterdrückung. 2. dem Einschwören auf eine einheitliche Gesinnung. 3. der Gewinnung einer überlegenen Gewalt, um eines ausschließlichen Vorteils willen*!“ (Thomas Paine)

Hier schließt sich ein Kreis zwischen sakralen und profanen Interessen. Des eigenen Vorteils wegen, um Menschen manipulieren zu können, um das Volk lenken/steuern zu können, müssen Menschen in Ängste versetzt und darin belassen werden. Das ist reale, Gesellschaften übergreifende, profane und sakrale Gesellschaftspolitik!

Dazu gehören unter anderem, Ängste vor Rassenvermischung, vor religiöser Unterwanderung (Islamisierung der christlichen Gesellschaft) zu schüren. Dazu gehört auch, wirtschaftliche Ängste zu verbreiten – etwa die Angst, den Arbeitsplatz zu verlieren und keine Einnahmen mehr zu erzielen, um den Lebensstandard und Lebensunterhalt für sich und die Familie halten bzw. bestreiten zu können.

Die Angstverbreitung vor Überfremdung der Volksgemeinschaft fruchtet in Deutschland besonders gut. Ich wage zu behaupten, dass es in einer deutschen multikulturellen Gesellschaft nie und nimmer zu einem Holocaust mit den Ausmaßen, wie sie vom Nazi-Regime im Dritten Reich zu verantworten waren, gekommen wäre.

Absurdität der Bibel

Thomas Paine, der Autor von „Common Sense“, zum Beispiel hat sich die Bibel Kapitel für Kapitel vorgenommen, und er stellte fest, wie viele vor und viele nach ihm ebenfalls festgestellt haben, dass sie von Anfang bis Ende von Absurdität, Widersprüchlichkeit und Unmoral durchdrungen ist, und dass sie ihre Bilder zum großen Teil aus bereits früher existierenden Mythologien schöpft. Die „Heilige Bibel" wird aus einem ganz bestimmten Grund von Menschen die es besser wissen („Obrigkeiten"), noch immer manipulativ und glorifizierend als das Buch der Bücher bezeichnet!

Lieber Leser! Liebe Leserin! Besorgen Sie sich „stellvertretend" das kleine Handbuch des Katholizismus und urteilen Sie selbst. Dieses Schriftstück ist ein Beleg für die menschenverachtende Ideologie der „Römisch-Katholischen Geistlichkeit" insgesamt und für deren dreiste Verbreitung höchst manipulativer und gläubigerverdummender Thesen unter dem Deckmantel des „Wortes Gottes".

Die großen Religionsstifter konnten nur „Großes" für die Menschheit vollbringen, weil der Mensch in der Masse sein Hirn gern auf *„unmündig"* stellt oder ganz abschaltet und seinen Ängsten gehorchend, das Denken einer oder mehreren Autoritäten überantwortet! Er gesteht – oft wider besseres Wissen – diesen „Verführern" zu, die totale, endgültige Wahrheit und Weisheit und somit die alleinigen Mittel zu geistiger und physischer Rettung entdeckt oder durch eine heilige Offenbarung empfangen zu haben.

Die Masse der Menschheit erweist sich immer wieder als **„nützliche Idioten"** für „Obrigkeiten und Psychopathen".

In jüngster Zeit werden Religionen wieder verstärkt als nützliche Ideologien instrumentalisiert (siehe als Beispiel die arabische bzw. islamische Welt), und die Masse, auch der „modernen“ Menschen, spielt weiterhin ihre Rolle als **„nützliche Idioten“** für religiöse Propheten/Gurus und religiös-politische Führungspersönlichkeiten.

Die Gründe hierfür sind in der natürlichen Struktur des Menschen zu finden, sie sind rein physiologisch- psychischer Natur. Es ist der Tatsache geschuldet, dass viele Menschen die geistige Fähigkeit haben, ihnen aber die Bereitschaft fehlt, durch „Selbstnachdenken“, grundsätzlich in Schieflage Befindliches zu korrigieren und sie sich lieber auf einer trügerisch sicheren bequemen „Schiene“ ausruhen.Um allerdings die kausalen Zusammenhänge für unser diesbezügliches „Fehlverhalten“ deutlich herauszuarbeiten, ist es erforderlich, sich mit der „Persönlichkeit“ im Sinne der wissenschaftlichen Persönlichkeitspsychologie auseinanderzusetzen.

Das psychoanalytische Persönlichkeitssystem, die Persönlichkeitsdynamik, die Stadien der Persönlichkeitsentwicklung nach Sigmund Freud, die analytische Persönlichkeitstheorie von C. G. Jung, die Massenpsychologie von Gustave Le Bon und die fünf Persönlichkeitsmerkmale der sogenannten „Big Five“ nach H. J. Eysenck, Paul T. Costa, Robert R. Mc Crae, sind hier die Wahl meiner Werkzeuge.

Seelische Instanzenlehre

(Die drei systemischen Instanzen der Persönlichkeit: ***„Es“, „Ich“*** *und* ***„Über-Ich“****)*

Eine enge Beziehung besteht zwischen dem *Es* und den physiologischen Prozessen einer Person, aus denen das *Es* seine Energien nimmt. <u>FREUD nennt das *Es* „die wahre psychische Realität“.</u>

Nach der seelischen Instanzenlehre von SIGMUND FREUD ist das ***„Es“*** der Teil der Persönlichkeit, der von Trieben erfüllt nach alsbaldiger Befriedigung strebt. Das *Es* tendiert dazu, alle eintretenden Spannungen abzureagieren, um Lust zu gewinnen und Unlust zu vermeiden. Zur Reduktion von Bedürfnisspannungen hat das *Es* aber nur angeborene Reflexe und primäre Prozesse der Wunscherfüllung zur Verfügung, deshalb ist es, zur Erfüllung seiner Vorstellungen, auf den sekundären Handlungsprozess des ***„Ich“***, das die Realität außerhalb der Persönlichkeit mit einbezieht, angewiesen.

Um sich in der Gesellschaft mit ihren allgemeingültigen Regeln und Gesetzen angemessen zu verhalten, können Menschen ihre Triebe oft nicht so ausleben, wie sie es eigentlich möchten. Tut eine Person es doch, kann sie andere und sich selbst sehr schnell schädigen; sie wird sich dann nach den allgemeingültigen Regeln und Gesetzen, auch im engen sozialen

Umfeld ihrer jeweiligen Gesellschaft, oft straffällig machen.

Jeder vernunftbegabte, erwachsene Leser, jede vernunftbegabte erwachsene Leserin dieser Zeilen wird an sich selbst den Wahrheitsgehalt dieser (durch empirische, wissenschaftliche Untersuchungen gewonnene) Erkenntnis feststellen können.

Angesichts dieser Fakten ist es die Aufgabe des *Ich,* zwischen den Ansprüchen des triebgesteuerten *Es* und den Sachzwängen der objektiven Welt der Realität zu vermitteln. Das *Ich* bändigt einerseits die Triebe des *Es* und observiert andererseits die Außenwelt, um einen günstigen Zeitpunkt für die Triebbefriedigung zu erkennen und zu nutzen. Das Realitätsprinzip tritt somit an die Stelle des Lustprinzips. Das Lustprinzip wird also solange behindert, bis es schadlos zum Realitätsprinzip werden darf.

Auf sexuellem Gebiet heißt das: Auch eine extrem sexuell stimulierte Person - ohne Verselbständigungstendenzen einer seiner drei systemischen Instanzen - wird der Gesellschaft wegen, außer in speziellen *communitys* und/oder *localitys*, seine Triebbefriedigung unterdrücken, bis ihm das *Ich* eine solche Befriedigung erlaubt.

Anleitung für sein Wirken bekommt das *Ich* aus dem ***„Über- Ich“***. Dieses ist zunächst die internalisierte Institution mit ihren Verboten. Bei einer seelisch gesunden Entwicklung, ist sie unpersönliche Trägerin des Gewissens, also eine „latente“ Kontrollinstanz des *Ich*. Bei einer neurotischen Entwicklung hingegen repräsentiert das *Über- Ich*, in primitiver Weise, die strenge Instanz, die das *Ich* ein Leben lang bestrafen/geißeln darf.

Auf Anweisung des *Über-Ichs* tut das *Ich* gut daran, die Aggressionsimpulse des *Es* auf Dauer zu blockieren, wenn zu befürchten ist, dass mit einer Triebbefriedigung ein unverhältnismäßig großer Schaden für andere und/oder für die eigene Person verbunden ist.

Beim *Über-Ich* handelt es sich (im übertragenen Sinne) um die psychische Repräsentanz der Gestaltung und Werte der Gesellschaft, in der das Individuum lebt. Als Kind werden ihm die Formen und Werte (also die psychische Repräsentanz), in der Regel, von seinen Eltern, der Schule, der Religion und dem sozialen Umfeld nahegebracht werden. Das geschieht indem die vorgenannten Instanzen –zum Teil mehr oder weniger unbewusst - diejenigen Verhaltensweisen des Kindes verstärken (loben und anerkennen), die mit den Normen und Werten der Gesellschaft übereinstimmen, und umgekehrt diejenigen Verhalten bestrafen oder jedenfalls nicht verstärken, die mit den Normen und Werten ihrer Gesellschaft nicht übereinstimmen.

Wenn man in diesem Zusammenhang berücksichtigt, zu welchen Verstärkungsleistungen oder Nichtverstärkungsleistungen eine oder mehrere Erziehungsinstanzen eines schutzbefohlenen Kindes fähig oder unfähig sind, kann man sich leicht vorstellen, welche Probleme sich aus der Erziehung eines Kindes künftig für sich selbst, sein enges soziales Umfeld und für eine ganze Gesellschaft ergeben können. Hierbei spielt die „Schichtzugehörigkeit“ einer Familie absolut keine Rolle! In diesem Zusammenhang erklärt sich, warum wir Individuen zu **nützlichen Idioten** in der Masse konditioniert werden und warum tatsächlich nur die Toten das Privileg der freien Meinungsäußerung (Mark Twain) haben.

Goethe hat das im Faust I folgend benannt:

„Wer darf das Kind beim rechten Namen nennen? Die wenigen die was davon erkannt, Die töricht genug ihr volles Herz nicht wahrten, dem Pöbel ihr Gefühl, ihr Schauen offenbahrten, hat man von je gekreuzigt und verbrannt"(Originaltext).

Das *Über-Ich* spielt sich als moralische Instanz in der Persönlichkeit auf, wobei es allerdings weniger die reale Umwelt, sondern mehr das Ideal einer Welt widerspiegelt. Trotzdem entscheidet das *Über-Ich,* ob etwas recht oder unrecht ist, das heißt, ob ein Verhalten oder eine Verhaltensform in Übereinstimmung oder in einem Konflikt mit den moralischen und ethischen Normen der realen Gesellschaft steht. Letztlich ist es so, dass sich das *Über-Ich* aus der Summe der im Kindesalter erfahrenen Verstärkungen (gesellschaftskonform oder gesellschaftskonträr) und aus typischen Verhaltensformen entwickelt. Haben sich die jeweiligen Erzieher den gesellschaftskonformen Verstärkungen unterworfen, streben die Kinder diese Verstärkungen an und vermeiden die Nichtverstärkungen im Wesentlichen.

Durch Introjizieren (*fremde Anschauungen und Ideale in die eigenen einbeziehen*) von entsprechend gesellschaftskonträren Verhaltensformen entsteht das *Gewissen,* und auf der anderen Seite entsteht durch die Summe der gesellschaftskonformen Verhaltensformen (Verstärkungen) das *Ich-Ideal.*

„Die beiden Untersysteme des *Über-Ichs,* das Gewissen und das Ich-Ideal, entstehen im frühen Kindesalter durch die Überwindung der Fremdsteuerung/Ödipus Situation durch seine Erzieher (Eltern, Vormund etc.), indem dem Kind das Vaterideal/Mutterideal introjiziert wird und dadurch der realen Vater und die reale Mutter, durch das *Über-Ich,* gleichsam überhöht wird. Jetzt wirkt das Gewissen fortan im Wesentlichen als strafende oder mahnende Instanz, indem es sich „meldet", wenn die Person dabei ist, eine zur Gesellschaftsnorm nicht kompatible Entscheidung zu treffen, bzw. eine Schuld auf sich zu laden.

Das *Ich-Ideal* dagegen agiert fortan als eine Instanz der Verstärkung, wann immer der Mensch so handelt, dass er berechtigten Stolz auf sich selbst empfinden kann. Durch die allumfassende Entwicklung des *Über-Ichs* wird der junge Mensch unabhängig von der elterlichen Kontrolle und unterwirft sich der Zensur durch das eigene *Über-Ich*. „Er befreit sich also aus einer äußeren Bevormundung, indem er sich einer inneren, selbstgeschaffenen Kontrolle unterwirft" (nach Werner Corell). Trotzdem, die moralisch-ethische Gewissensentscheidung ist jedem autonomen, menschlichen Individuum überantwortet, wobei, wie oben bemerkt, der Konditionierung des Kindes durch seine Erziehungsinstanzen die wichtigste Rolle zukommt.

Die verpflichtenden Gesetze der Moral werden durch das Gewissen des mündigen Menschen bestimmt.

Die Hauptaufgaben des *Über-Ichs* sind also:

1. „Impulse aus dem *Es* zu verhindern, wenn diese mit den geltenden Gesellschaftsnormen im Widerstreit sind, das heißt also z.B. Impulse aus dem sexuellen und aggressiven Repertoire,
2. Das *Ich* zu überzeugen, anstelle der real möglichen Ziele, moralische Ziele zu akzeptieren und
3. nach Perfektion zu streben, indem es sowohl gegen das *Es* als auch gegen das *Ich* kämpft und das Verhalten nach seinem eigenen Maßstab gestaltet." (Werner Corell).

Durch Verselbständigungstendenzen innerhalb dieser drei Systeme kann es in diesem Bereich zu Persönlichkeitsstörungen kommen, weil das *Über-Ich,* anders als das *Ich,* Triebregungen aus dem *Es* nicht nur zurückstellen, sondern sie auf Dauer blockieren will. Es kommt jedoch nicht notwendigerweise zu Konflikten, weil sich das *Es* und das *Über-Ich* normalerweise unter den Einfluss der Realitätsbetrachtung des *Ich* stellen.

Merksätze:

Das „**Es**" ist die Matrix aus der das „**Ich**" und das „**Über- Ich**" entwickelt werden; es enthält alles, was die Persönlichkeit angeborener- maßen besitzt.

Das ***Es*** ist im Grunde genommen das Kraftreservoire für die systemischen ***Ich*** und ***Über- Ich*** der Persönlichkeit.

Das ***Es*** und das ***Über-Ich*** stellen sich normalerweise unter die Realitätsbetrachtung des ***Ich.***

Die Persönlichkeitsdynamik

Die drei Komponenten dieser psychischen Energetik sind:
1. Die Triebe
2. die Verteilung und Anwendung der psychischen Energie, und
3. die Angst.

Die Triebe

Ein Trieb ist die angeborene unumgängliche Instanz einer Erregungsquelle, innerhalb jedes physisch psychischen Individuums. Psychologisch drückt sich ein Trieb beim Menschen als Wunsch nach Befriedigung aus, seine Erregungskomponente (Stimulus) wird als Bedürfnis bezeichnet. Die Triebe als Antriebsaggregat der Persönlichkeit aktivieren nicht nur das Verhalten als solches, sondern sie bestimmen auch die Richtung des Verhaltens.

Durch bestimmte exzessive Stimulierungen während der ersten Lebensjahre können starke äußere Einwirkungen auf die Persönlichkeit zustande kommen.

Ein Trieb entscheidet nach kausalen Gegebenheiten und selektiv über das Verhalten, zum Zeitpunkt des Verhaltens, indem er eine Empfänglichkeit für bestimmte Reize steigert und für andere schwächt. Wenn nicht schon in der frühen Entwicklung eines Kindes Verselbständigungstendenzen des *Es-Systems* stattgefunden haben, und eine Person dann überwiegend triebgesteuert und sozial schädigend durchs Leben geht, besteht für jeden Menschen immer die Möglichkeit nicht gesellschaftskonforme, triebgesteuerte Verhalten zu erwerben.

Hat ein Mensch in seiner sozialen Umgebung nur wenige Glücksmomente zu verzeichnen und fühlt er sich stark benachteiligt, oder gar´ nicht ernst genommen, strebt er sehr leicht danach, ein Überlegenheitsgefühl zu erreichen, das ihn einem Lustgewinn näher bringen wird; der appetitiven Aggression werden dann sehr schnell Tore geöffnet. Erschreckend für jeden Erkennenden ist, dass jedes menschliche Individuum mit solchen Eigenschaften ausgestattet ist.

Triebgesteuerte Straftaten

Ein Mensch ist keinesfalls davor gefeit, im Laufe seines Lebens triebgesteuerte Straftaten zu begehen. Beispiel: Ein/e Soldat/Soldatin, der/die über Wochen und Monate nur mit ihresgleichen, auf engstem Raum eingepfercht, ohne Kontakt zum anderen Geschlecht oder sonstig sexuell frustriert, im Kampfeinsatz schlimme Verstümmlungen bei Kameraden/innen und tote Kameraden/innen erlebt hat, ist z. B. weit empfänglicher Vergewaltigungen und andere Gräueltaten zu begehen, als sie/er das im „Normalleben" tun würde. Sicher, Soldaten/Soldatinnen werden ausgebildet, Menschen zu töten. Im Kampfeinsatz werden Gewaltexzesse gefördert und Blutrausch ist gewünscht. Keinem der angehenden Kämpfer/innen wird im Vorhinein klar gemacht, dass sie sich für die Sache des Tötens instrumentalisieren lassen. Bei aller „Abenteuerlust“ - die bei manchen angehenden Vaterlandsverteidigern/innen eine Rolle spielen mag - machen sich die wenigsten **nützlichen Idioten** klar, dass sie zu potentiellen Mördern evtl. sogar zu potentiellen Lustmördern gemacht werden; wenn sie es merken, ist es zu spät. Bestimmt ist es nicht das Motiv der Mehrheit der Menschen die zur Polizei, in den Strafvollzug oder zum Militär gehen, um beim Erledigen ihres Auftrags - bei ihrer Pflichterfüllung - ganz legal und straffrei schlagen, foltern und töten zu können.

Es ist die Pflichterfüllung, die sowohl als Eigenschutz, als auch als Rechtfertigung auf unzulässige Weise als Vorwand herangezogen wird, wenn verachtenswerte Taten begangen wurden. Menschen in ein Haus, eine Scheune oder eine Kirche einzuschließen, und das Gebäude dann anzuzünden, hat nichts, aber auch gar nichts mit Pflichterfüllung oder gar Vaterlandsverteidigung zu tun! Tatsache bleibt jedenfalls, dass der Machtgewinn für einen Teil des oben genannten Personenkreises eine nicht zu unterschätzende Motivation für ihre Berufsentscheidung ist.

Wenn man immer mal wieder die unverhältnismäßigen Polizeieinsätze bei z. B. Demonstrationen berücksichtigt, bei denen draufgeknüppelt wird was das Zeug hält. Wenn man die Verfehlungen durch Polizisten, in den Polizeistationen, bei polizeilichen Maßnahmen gegen auch ausländische Mitbürger erfährt, lässt sich leicht erahnen, wie schnell sich manche Exekutivkräfte zu anhaltendem Machtmissbrauch verleiten und lenken lassen, und wie kurz der Weg in einen Polizei- oder Militärstaat sein kann.

Der psychologisch wesentliche Fakt dabei ist, dass das Wissen über die Eigenverantwortung, die keinem Täter abgenommen werden darf, keine entscheidende Rolle für die Handelnden spielt. Zum Zeitpunkt ihres Handelns sind solche Menschen oft triebgesteuert (siehe weiter oben *„Die Triebe"*). Selbst wenn sie durch entsprechende Einsätze traumatisiert sind, stellt das für ihre Taten keine Entschuldigung dar.

Andererseits: Ein Mensch, der anhaltende auf sich und/oder seine Familie spezielle soziale Situation auswirkende Ungerechtigkeiten in Folge von z. B. Behördenwillkür erfährt, wird sich leicht zu unüberlegten Handlungen hinreißen lassen; noch dazu, wenn er für sich festgestellt hat, dass mit einem solchen obrigkeitlichen Verhalten administrativ beabsichtigt Politik betrieben wird, und wenn er einen ausgeprägten Gerechtigkeitssinn sein Eigen nennt.

Beispiel:

Arbeitsagenturen und Job-Center müssen teilweise Sicherheitsdienste zum Schutz für ihre Bediensteten beschäftigen, weil Langzeitarbeitslose von Sachbearbeitern in arroganter Art und Weise bevormundet und schikaniert werden, wie es ihnen von ihrer Kompetenz her nicht zusteht. Staatlich verordnete administrative Kompetenz regt hier zu echtem

Machtmissbrauch seitens der Sozialbehörden an. Das ist wirklicher Missbrauch von Steuergeldern, hier werden horrende Summen für private Dienstleister verwendet, Mittel, die bedürftigen Mitbürgern oft ungerechtfertigt verweigert werden. Die hohe Zahl der gewonnenen Prozesse vor den Sozialgerichten in ganz Deutschland zugunsten von betroffenen, ungerecht Benachteiligten, beweist das eindeutig.

Die Boulevardpresse betätigt sich mit ihren regelmäßigen Hetzkampagnen gegen „Hartz IV-Empfänger" zusätzlich als **nützliche Idioten** für Politik, Politiker und Wirtschaftsprotagonisten.

Hintergrund für ein solches Verhalten ist nicht der Missbrauch von Transferleistungen! Die tatsächlichen Missbräuche von Transferleistungen sind „Peanuts" im Verhältnis zum z. B. staatlichen Steuergeldmissbräuchen.

Hintergrund für dieses Verhalten ist das Drücken des Lohnniveaus für die versicherungspflichtige Arbeit insgesamt, was in Deutschland durch die Agenda 2010 eindrucksvoll gelungen ist! Hintergrund für diese Hetzkampagnen ist das Injizieren bzw. Verstärken von Angstgefühlen bei den betroffenen Beziehern von Transferleistungen. Das Einschüchtern einer wachsenden Minderheit der Bevölkerung von Seiten der ökonomischen, religiösen und politischen „Obrigkeit" mag vielleicht vorübergehend den Protest von der Straße fernhalten, aber auf Dauer wird das nicht gelingen, wie die Protestbewegungen AfD und PEGIDA sowie die Massenproteste gegen die politische Einmischung der EZB bereits zeigen.

Zu hoffen bleibt, dass sich die sozialen Demokraten auf eine soziale Politik für das Volk besinnen, ihre Kapitalhörigkeit ablegen und dass die meist halbherzigen Proteste gegen die Agenda 2010 an Fahrt aufnehmen.

Sicher, um den Sozialhaushalt eines Staates finanzieren zu können, brauchen wir ein gesundes, effizientes Unternehmertum (Kapitalgewalt)! Ein Unternehmertum und eine Behördenkultur, die auf Feudalstrukturen aufgebaut sind, brauchen wir gewiss nicht!

(Ein konservatives „WEITER SO“ wird auf Dauer keine Zukunft haben.)

Revolutionen sind so entstanden, und sie entstehen immer wieder aus solchen Gründen. Die Französische Revolution ist nicht zuletzt deshalb entstanden, weil der Adel und der Klerus auf ihre ungerechtfertigten Privilegien nicht verzichten wollten. Im Kapitel „Refeudalisierung der Gesellschaft durch Abhängigkeiten schaffen“ wird darauf noch näher eingegangen. In solchen Fällen kommt es sehr schnell zu Verselbständigungstendenzen innerhalb der drei Systeme (Seelische Instanzen)!

Aber selbst „banale“ Grundbedürfnisse unterliegen diesen Gesetzmäßigkeiten. Ein hungriger und durstiger Mensch ist in hohem Maße empfänglich für Nahrungsreize, zum Zeitpunkt der Möglichkeit einer Nahrungsaufnahme, wird er für andere Stimulierungen weit weniger bis gar nicht empfänglich sein. Ein ausgehungerter Mensch wird sich kaum für z. B. Mode interessieren.

Nur, welche enormen bis absoluten Auswirkungen Verselbständigungstendenzen der drei seelischen Instanzen für die Charakterbildung (Persönlichkeitsentwicklung) eines Menschen haben, zeigen die psychologisch erforschten Persönlichkeitsstörungen mit all ihren Grauzonen.
Ob Asthenische-, Bipolare- oder Borderline Persönlichkeitsstörungen, oder gar Dissoziale Persönlichkeitsstörungen (API / ICD 10), sie alle sind kausal entweder

der **endogenen** (= von „innen“ verursacht, aus den Anlagen entstanden), oder

der **exogenen** (= von „außen“ verursacht, von Umwelteinflüssen entstanden), oder

der **autogenen** (von „sich selbst“ verursacht, aus eigener Kraft des Individuums entstanden)

Entwicklung eines Menschen geschuldet.

Die *Es-, Ich-* und *Über-Ich* Konstellation muss in ein „normal-systemisches“ Verhältnis zueinander gebracht sein, um

Verselbständigungstendenzen eines der drei Systeme zu verhindern, was nicht immer gelingt.

Die Verteilung und Nutzung der psychischen Energie der Persönlichkeit

Wie FREUD festgestellt hat, besteht die Energie aus den drei oben genannten Systemen, zwischen denen eine Art Konkurrenz bezüglich des Energieanteils, der jedem System zur Verfügung steht, herrscht. Ein System erhält seine Energie auf Kosten der anderen beiden Systeme.

Geht man davon aus, dass anfänglich das *Es* – im Sinne des Vollzugs des Lustprinzips – die gesamte Energie besitzt, wird die Bindung psychischer Energie an bestimmte Handlungen oder Vorstellungen, durch die es zu Triebbefriedigungen kommt, als *„Objektwahl“* bezeichnet.

Das *Ich* und das *Über-Ich* beziehen alle Energie über den Prozess der Identifikation aus dem *Es.* Es wird sozusagen ein Zusammenhang zwischen einer Vorstellung und der Wirklichkeit hergestellt, dabei wird psychische Energie aus den psychologischen Prozessen des *Es* abgezogen und in die realistischen und logischen Prozesse des *Ichs* eingeschleust. Das *Ich* erreicht so, dass gegenüber dem *Es,* seine Symbole der vom *Es* gemeinten Wirklichkeit übergeordnet werden.

Die Tätigkeiten des *Ich* sind für die Befriedigung der Triebe so wirksam, dass das *Ich* nach und nach eine Art Monopolstellung gegenüber dem *Es* erreicht, indem durch den Prozess der Identifikation immer mehr Energie an die Aktivitäten des *Ich* gebunden wird.

Beispiel: Indem das Kind eine Vater- und Mutter-Identifikation vornimmt, idealisiert es Lob und Tadel der Eltern zu subjektiven Normen und Werten, die als Gewissen bzw. *Ich-Ideal* wirksam bleiben. In dem Maße, in dem das *Über-Ich* das *Es* kontrolliert, erscheint die Persönlichkeit als *„moralisch"*, im Gegensatz zu einer vom *Es* kontrollierten Persönlichkeit, die „triebhaft" und „primitiv" erscheinen wird. Der realistische Charakterzug auf der anderen Seite entsteht durch eine Dominanz des *Ich.*

„Jede Form von extremer Ausprägung der Energie in einem der drei Persönlichkeitssysteme bewirkt pathologische Symptome. So kann z. B. durch eine Übermacht des *Über-Ich* das Gewissen so intensiv wirken, dass eine Handlungslähmung entsteht, während durch eine übermäßige Prägung des *Ich-Ideals* so hohe Anforderungen an die Persönlichkeit gestellt werden, dass dauernde und tiefe Frustration entsteht und schließlich depressive Einstellungen und Minderwertigkeitskomplexe die Folge sein können. Das *Ich* bemüht sich infolgedessen fortwährend, nicht nur eine realistische Ausrichtung der psychischen Energie zu erreichen, sondern auch eine gewisse Harmonie zwischen den drei Systemen zu bewahren. Aus dieser gegenseitigen Durchdringung der Ansprüche der drei Systeme setzt sich die Persönlichkeitsdynamik eines Menschen zusammen.

Die Angst

Die Umwelt kann auch negativ wirken, indem sie der Erwartung einer Person absolut nicht entspricht, oder dem Anspruch einer Person mit Ablehnung, Gefahr, Verfolgung oder Sicherheitsdefiziten entgegentritt. Die typische Reaktion einer Persönlichkeit auf diese faktisch gefühlten Gegebenheiten ist *Angst.* FREUD unterteilt den Zustand der Angst in drei Typen, sobald das *Ich* die Ansprüche aus den Systemen bzw. aus der Umwelt nicht mehr kontrollieren kann.

1. Realitätsangst,

2. neurotische Angst und

3. moralische Angst (Schuld).

Die *Realitätsangst* ist eine gefühlte Furcht vor realen Gefahren der äußeren Welt, genauso wie durch Vorstellungen hervorgerufene Informationen, die das aktuelle Schicksal oder die Zukunft der Persönlichkeit negativ beeinflussen können.

Die *neurotische* Angst ist die Furcht, dass nicht gewünschte Triebe unkontrollierbar werden könnten und dadurch strafwürdige Handlungen entstehen könnten.

Die *moralische* Angst schließlich ist die Furcht vor dem eigenen Gewissen. Sie entsteht dann, wenn eine Person etwas tut oder denkt, was im Gegensatz zu den edlen Normen ihres Gewissens steht.

Die Hauptfunktion der Angst liegt darin, die Persönlichkeit vor einer drohenden Gefahr zu warnen. Der Mensch ist bestrebt, im Zustand der Angst irgendeine Handlung zu vollziehen, die z. B. in Übereinstimmung mit seinem Gewissen liegt, oder einen geplanten, gefährlichen Impuls unterdrückt, oder auch eine als unangenehm oder gefährlich identifizierte Umgebung durch Flucht vermeidet und gegebenenfalls verlässt.

Als *traumatische* Angst wird jene Angst bezeichnet, bei der auch ein erwachsener Mensch in einen Zustand der infantilen Hilflosigkeit gerät und bei der die Angst durch entsprechende Handlungen nicht mehr überwunden werden kann.

Der Prototyp der Angst ist das *Geburtstrauma,* das dadurch entsteht, dass jeder neugeborene Mensch eine Fülle von unverständlichen Eindrücken hinnehmen muss, von denen er geradezu überwältigt wird. Erst wenn das *Ich* stark genug geworden ist, die Eindrücke realistisch zu verarbeiten, gelingt es, die Angst des Geburtstraumas nach und nach zu überwinden. Wenn jedoch das *Ich* im Laufe des Lebens nicht mehr in der Lage ist, durch rationale Methoden diese Angst zu überwinden, kann es unrealistische Methoden einsetzen, um zu überleben. Diese Methoden bezeichnet FREUD als Verteidigungsmechanismen des Ichs.

Die Tatsache, dass allen Menschen ihre Schwäche, Winzigkeit und Hilflosigkeit in Beziehung zur natürlichen Umwelt auf unserer Erde immer in ihrem Unterbewusstsein war und ist, macht sie in ihrem Streben nach vorgeburtlicher Geborgenheit, Sicherheit, Liebe und Auskommen anfällig für perfide Eigeninteressen von sogenannten „Führungspersönlichkeiten“.

Der Zustand der obengenannten Geborgenheit ist beim Verlassen des Mutterleibs schockartig in eine infantile Hilflosigkeit gewechselt. Es dürfte klar sein, dass jeder Mensch aus dieser Kausalität heraus extrem manipulierbar ist. Diejenigen unserer Ahnen, die diese Erkenntnis hatten oder erahnten, haben sie in der Regel zum eigenen Vorteil genutzt. Sicher ist ihnen das Manipulieren leichter gefallen, wenn sie vorgaben, in „höherem Auftrag“ bzw. im Auftrag einer höheren Gewalt („Gott“) zu handeln.

Die Erkenntnis, dass wir schwache Individuen sind

Welchen großen Ängsten waren schon unsere Ahnen, die Urmenschen, tagtäglich ausgesetzt!

Da war die Angst vor der Nacht, vor bedrohlich wirkenden dunklen Wolken, vor Blitz, Donner und Starkregen, vor Stürmen, vor Feuersbrünsten, vor Schneestürmen, vor brühend heißer Sonnenglut, vor Tieren, die um einiges stärker und schneller waren als unsere Ahnen, und nicht zuletzt vor Artgenossen, die nicht ihrer Sippe oder ihrem Stamm angehörten und somit Konkurrenten für die oft spärlich vorhandenen, lebenswichtigen Ressourcen waren.

Eine kleine, banale Beispielgeschichte:

Wie einfach war es, wenn z. B. die Sonne durch eine Wolkenlücke, in einer sonst dicht geschlossenen Wolkendecke, ihre Strahlen auf eine begrenzte Stelle der Erde scheinen ließ, dies als Zeichen einer höheren Macht (Gott) zu interpretieren. Und nun siedelte sich eine umherziehende Sippschaft auf Grund der Deutung dieser Erscheinung durch ein Mitglied dieser Gruppe genau auf diesem Flecken Erde an. Dieses Stückchen

Land war vielleicht zufällig fruchtbar, und genügend jagdbares Wild gab es in der Gegend auch. Kurzum, dieser Menschenverband hatte sein Auskommen und musste nicht mehr umherziehen. Der „Deuter" eines solchen oder ähnlichen „Gotteszeichens“ wurde als Führer vom Rest seiner Sippe anerkannt, und sein Wort war künftig Gesetz. Er, der auserkorene „Guru“, setzte seine Macht nun psychologisch sowohl für das Gute als auch für das Böse ein. Er wird seine Stellung in der Gesellschaft vor allem für seinen Machterhalt eingesetzt haben. Er hat künftig bestimmt, was gut und was böse war. Spätestens hier hat das „Grundübel“ der Menschheit begonnen.

Das symbiotische Verhältnis des religiösen Glaubens mit der Urangst der Menschen!

Insbesondere die Religionsstifter und ihre religiösen Opportunisten haben sich allesamt des Verbrechens an der „Menschlichkeit“ hochgradig schuldig gemacht und machen sich ungestraft bis zum heutigen Tag immer wieder schuldig. Die heilige römisch-Katholische Kirche z.B. hat sich den zweifelhaften Ruhm erworben, ihre Religion (ihren Machtanspruch) auf diesen Urängsten der Menschen aufzubauen, auf sie auszurichten und ihre Macht mit oft hoher krimineller Energie auszunutzen. Auch wenn sich die christliche Kirche ihren gesellschaftlichen und politischen Handlungs- und Herrschaftsanspruch nur abgekuckt hat, ist dieser Machtanspruch in seiner Anwendung und Ausübung nicht weniger verwerflich.

Wie schon erwähnt: Eine der größten Glaubensperversionen besteht darin, den Gläubigen die Unbegreiflichkeit der göttlichen Liebe, die Gnade und Barmherzigkeit Gottes zu predigen! ***Das ist ein fataler Zirkelschluss, denn Gott gibt es nicht!*** Eine weitere Glaubensperversion besteht in der suggestiven Lehre, der Mensch sei erlösungsbedürftig.

Erlösungsbedürftig, von was? Von Sünden, von menschlichem Verhalten? Erteiltes Leid, Schuld, Sünde und andere Unzulänglichkeiten des Homosapiens werden durch die Lehren der religiösen Vertreterpersönlichkeiten, der „Vorbilder“, nicht gemindert, und schon gar nicht erfährt der Mensch Erlösung daraus. So, wie es einem Menschen nicht wirklich möglich ist, sich selbst zu vergeben / zu verzeihen, ist es nicht möglich, dass ihm die Institution Kirche oder gar ein Kirchenvertreter vergeben kann. Und woher nehmen diese und ähnliche Institutionen die Arroganz, tolerant zu sein?

Wenn der Mensch durch seinen religiösen Glauben Zufriedenheit, Erleichterung oder gar Erlösung empfindet, sagt das nur, dass er in der Lage und allzeit bereit ist, sich selbst zu belügen und sich selbst zu betrügen.

Weist der einzelne Mensch eine gewisse intellektuelle Potenz auf, ist er also ein sogenannter mündiger Bürger und mit materiellen Dingen über das Notwendige hinaus ausgestattet, dann nützt er in der Regel seinen gesellschaftlichen Stand, um feudale Privilegien für sich zu generieren und/oder zu sichern. Der Mensch strebt offensichtlich immer danach, andere Menschen zu erniedrigen bzw. er muss sich fast zwanghaft immer über andere erheben; dann fühlt er sich erhaben, mächtig und stolz. Das ist in der Familie nicht anders als in der Schule, bei Freunden, im Verein und am Arbeitsplatz etc. (Ich komme im Kapitel „Grausamkeit und Sexualität“ auf diese These zurück.)

SIGMUND FREUD hat in seinen drei großen Kränkungen der Menschheit folgende Wahrheiten treffend beschrieben: ***(1.)*** *„Spätestens nach den Erkenntnissen des Nikolaus Kopernikus wurde der Menschheit klar, dass die Erde nicht der Mittelpunkt des Weltalls ist. Die Menschen mussten erkennen, dass sie selbst und die Erde nur ein winzig kleiner, vielleicht sogar unbedeutender Teil des unendlichen Universums sind.* ***(2.)*** *Eine weitere Kränkung durch die Wissenschaft erfuhren die Menschen durch die Darwin'sche Evolutionstheorie:* (Wobei es eben nicht nur eine Theorie ist, sondern durch die wissenschaftliche Beweislage längst als „Evolutionsgeschichte“ bezeichnet werden muss!) *Der Mensch musste akzeptieren, dass seine Abstammung aus dem Tierreich abzuleiten ist und seine animalische Natur* (hier gilt es, einen Protest anzubringen: Mir ist kein Tier bekannt, das es an Verlogenheit, Habgier und Grausamkeit mit dem Menschen aufnehmen kann!) *nur logische Konsequenz ist. Die religiöse Schöpfungsgeschichte ist somit widerlegt.* (Es genügen Kenntnisse der vier Grundrechenarten, um zu erkennen, dass die Schöpfungsgeschichte nicht stimmen kann. ***(3.)*** *Die härteste Kränkung erfuhr der Mensch durch die wissenschaftliche Beschäftigung der Psychoanalytiker mit der menschlichen Psyche. Sie, die Psychoanalytiker, waren es, die nachgewiesen haben, dass der Mensch ein fremdbestimmtes Wesen ist: „Dem Menschen“ wurde klar, dass er im Grunde nicht einmal Herr über sich selbst ist.“*

Der Mensch ist nach Freud abhängig von den Nachrichten, die unbewusst in seinem ICH (seiner „Seele“) verarbeitet werden.

Es ist leicht zu erkennen, dass durch die Seins-Verbundenheit des Denkens[5] und somit des Handelns niemals eine ausgewogene, immer gültige Reaktion das Resultat von realen Gegebenheiten sein kann.

Mit dem Wissen, dass es keinen Weltenschöpfer im Sinne der „Heiligen Bibel“ gegeben hat, und trotz der enormen Möglichkeiten, sich Informationen zu besorgen, richten sich Menschen – aus fast allen Kulturkreisen – nach oft stupiden, intellektuell nicht nachvollziehbaren Verhaltensregeln von menschenverachtenden Egomanen-Elementen und Psychopathen“.

Intelligenz ist immer begrenzt, Dummheit oft nicht!

Den Lebenssinn gebenden Interpretationen der sogenannten Heiligen Schriften darf der Kompetenzgehalt getrost abgesprochen werden. Ich kann mich der folgenden Aussage Friedrich Nietzsches nur anschließen:

„Das natürliche Böse ist lediglich eine Projektion von Menschen, die zwanghaft nach einem Sinn in der Welt suchen, anstatt die Sinnlosigkeit anzuerkennen und auszuhalten“.

Wenn Angehörige der Führungselite oder jene, die sich dafür halten, immer wieder im Brustton der Überzeugung „bekennen“, dass sie an Gott glauben, so tun sie das aus einem bestimmten Grund!

Es ist wahrlich nicht viel los mit der Menschheit, und das Universum wird diese unsere Spezies mit Sicherheit nicht vermissen. Mir ist nur allzu klar und latent zugegen, dass ich zu der Spezies Mensch mit all ihren Fehlern dazu gehöre und ich bekenne mich dazu, ohne Wenn und Aber. Mit dem Wissen, dass die Mehrzahl der Menschen sich dieser Meinung anschließen kann, empfinde ich es als ein Phänomen, dass bei vielen menschlichen Gruppierungen der Eindruck erweckt wird, sie wären besser als diejenigen, die anderer Meinung sind, deren Überzeugungen konträr sind.

Ich gehe nicht davon aus, dass ein Aktivist für Demokratie und gegen Rechtsextremismus ein besserer Mensch ist als ein verblendeter Nationalist. Es ist nicht davon auszugehen, dass ein Bediensteter einer Sozialbehörde ein wertvollerer Mensch ist als der Empfänger von Transferleistungen. Es ist auch nicht davon auszugehen, dass Menschen vor den Gittern einer Gefängniszelle bessere Menschen sind als jene, die sich hinter Gittern befinden. Wir alle wissen, dass es Personen – auch Richter, Staatsanwälte und Moralapostel – gibt, die andere in Gefängnisse gebracht haben, obwohl sie eigentlich selbst hingehören.

Was in diesem Zusammenhang wütend macht:

Die Anmaßung geistlicher und weltlicher „Protagonisten“ (sogenannte Gebildete), die sich bis zum heutigen Tag als

Obrigkeit des „gemeinen Volkes“ aufspielen und diese oft artikulierte Anmaßung im Zirkelschluss als festgeschriebenes Gesetz instrumentalisieren.

Der ach so mündige Bürger lässt es NACH wie VOR geschehen, was eigentlich einer Akzeptanz seines bevormundeten Seins gleich kommt! Es fällt mir schwer zu akzeptieren, dass die meisten unserer Zeitgenossen noch immer einer starken Obrigkeitshörigkeit nachhängen, die intellektuell einfach nicht nachvollziehbar ist: Da geht der bewundernde, oft ehrfürchtige Blick des „Bürgers“ – auch der Menschen aus der bildungsbürgerlichen Oberschicht – nach oben, ohne dass sich diese Personen vergegenwärtigen, dass sie sich bei diesem Blick nach Oben sogleich selbst erniedrigen.

Zudem wird diesen begüterten Zeitgenossen zugleich mit ihrer materiellen Potenz auch noch, völlig ungerechtfertigt, eine hohe intellektuelle Potenz unterstellt.

Wenn ich bedenke, was und wen der „Neidbürger“ da meist bewundernd und ehrfurchtsvoll ästimiert, kann ich als Reaktion hierauf gar nicht so viel essen, wie ich mich übergeben möchte.

Es sind doch oft die Blendwerke: Vermögen, Geld, Kapital und die gesellschaftliche Stellung, die mit neidvoll glänzenden Augen betrachtet werden, ohne der Berücksichtigung Rechnung zu tragen, wie das Vermögen eventuell zustande gekommen ist. Ganz gleich, ob ein Vermögen geerbt oder gewonnen wurde, oder ob es durch seidene bis halbseidene Geschäfte oder auch kriminelle Machenschaften zustande kam, die gesellschaftliche Hochachtung für die „Kapitalgewalt“ bleibt davon meist unberührt.

Gelegentlich wird Kritikern dieser Oberschicht eine Neidkultur vorgeworfen. Dazu ist zu sagen: Es ist das gute Recht einer Person, die z. B. mit einem „full-time-job“ so wenig Geld verdient, dass sie noch zusätzliche Transferleistungen beanspruchen muss, dass sie dann auf halbkriminelles bis kriminelles, asoziales Abzocker Pack - das noch dazu gesellschaftlich hohes Ansehen genießt - absolut neidisch sein darf.

Politiker, Wirtschaftsbosse, Kirchenfürsten und hohe Lehramtsinhaber sind zum Beispiel nicht die „Intelligenz-Elite“, deren Vorgaben man unbedingt folgen muss! Diese Zeitgenossen versuchen oft nur, mit übersteigertem Selbstbewusstsein vorzutäuschen, als „Vormund“ für die Masse der Menschen befähigt zu sein. Auch wenn sie sich so geben und fühlen, als hätten sie mit dem Anhäufen ihres Vermögens ihre persönliche Intelligenz gleich mit gesteigert – sie vertreten vor allem egoistische Eigeninteressen, auch wenn sie vorgeben, für die nächste Generation höchst verantwortlich zu handeln. Den meisten Wichtigtuern geht die ihnen nachfolgende, nächste Generation sehr egoistisch „sonst wo“ vorbei.

Gebildete Dummköpfe

Hier werden zu Phrasen missbrauchte Tatsächlichkeiten perfide als Totschlagargumente benutzt, und meistens funktioniert es sogar! Oft begeben sich solche „Zeitgenossen“ zum Eigenwohl und aus Opportunismus freiwillig in Abhängigkeiten von Lobbyisten und werden selbst zu Lobbyisten. Daraus folgt, dass unterschiedliche Interessen und Auffassungen zu Verhandlungsthemen werden, die mit dem

Anspruch „zum Wohle für das Volk" oder „für unsere Kinder" nichts zu tun haben. Das wiederum führt oft dazu, dass die Politik (auch und gerade religiöse Politik) zum Spielball von rhetorisch begabten Wirr- und/oder Dummköpfen und kriminellen Subjekten werden kann. „Gebildete" – welche auch intelligente Dummköpfe sein können – sind vielleicht am ehesten dazu befähigt „Abhängige Menschen als Experimentiermasse zu benutzen und zu missbrauchen. Diese „Gebildeten" sind aber auf keinen Fall dazu berechtigt! (Siehe z. B. das Milgram-Experiment, oder das Stanford-Prison-Experiment von Zimbardo.) Wissenschaftliche Forschung darf niemals als Freibrief für menschenverachtende Agitation vorgeschoben werden, selbst wenn Probanden freiwillig und für begrenzte Zeit aufgrund vertraglicher Vereinbarungen auf ihre Bürger- oder Grundrechte verzichten.

Bei den beiden obengenannten Experimenten wurden, unter dem Deckmantel der wissenschaftlichen Forschung, Probanden (Studenten) in Situationen gebracht und sie bekamen Aufgaben gestellt, deren Ergebnisse vom Großteil der „zivilisierten Bevölkerung" durchaus bereits gewusst waren.

So hat Mr. Milgram z. B. die Obrigkeits-Hörigkeit seiner Probanden getestet, indem er Menschen vermeintlich Stromstöße mit steigender Intensität verabreichen ließ, wenn diese Fehler machten. Die Täter wurden von einer „Autoritätsperson" aufgefordert, immer höhere Stromstöße zu geben, und nur wenige Täter weigerten sich, bis zur Höchstgrenze zu gehen. (Vereinfachte Darstellung.)

Mr. Zimbardo hat in seinem Stanford-Prison-Experiment Studenten (Freiwillige) in Häftlinge und Wärter eingeteilt. Die Wärter schikanierten und quälten ihre Gefangenen so heftig, dass das Experiment abgebrochen werden musste. (Vereinfachte Darstellung.) All das geschah trotz der Erfahrung, die Psychologen durch die Nazi- Verbrechen gemacht hatten.

HOMO HOMINI LUPUS (der Mensch ist sich selbst ein Wolf bzw. der Mensch ist sich selbst das größte aller Raubtiere)

Man braucht nur in den unrühmlichen Seiten der Geschichtsbücher der Menschheit zu blättern, um zu wissen, dass ein Großteil der Menschen nur allzu gern bereit ist, Mitmenschen zu dominieren und zu quälen. Noch dazu, wenn ihnen die Verantwortung für ihre Gräueltaten durch Autoritäten vermeintlich abgenommen wird. Die in der Menschheitsgeschichte zu Hauf vorgekommenen Genozid-Bestrebungen und Versklavungen ganzer Völker, (Afrikaner, Christen, Indianer, Juden...) sprechen eine deutliche Sprache; das musste nicht erst durch universitäre Tests bewiesen werden. Der Holocaust des Dritten Reiches braucht hier nicht gesondert erwähnt zu werden. Wenn man weiß, dass die Herren Milgram und Zimbardo befreundete Studienkollegen der Fachrichtung Psychologie waren, lässt sich vermuten, welch mammongeile Prostitution für ihr persönliches Ansehen in der Gesellschaft als Motivation für ihre menschenverachtenden Tests gedient haben mag.

Die Selbstwertgefühle der menschlichen Individuen in der Masse sind leider nicht sehr ausgeprägt. Das ist ein Grund, der es solchen Aktivisten nicht besonders schwer macht, ihre hinterhältigen Vorhaben in die Tat umzusetzen.

Mangelndes Selbstwertgefühl

Der Großteil der Eltern und Erzieher sind durch ihre eigene Erziehung leider in einer Weise konditioniert, die für ihr geringes Selbstwertgefühl hauptverantwortlich ist, wofür sie zunächst einmal absolut keine Schuld tragen. Der Gehorsam, der ihnen und ihren Vorfahren von Kindesbeinen an von ihren Eltern, ihren Religionsvertretern, ihren Lehrern, ihren Arbeitgebern, ihren Sozialverbänden, ihren Parteien/Vereinen und ihren Urahnen von deren Brotherren (Leibeigenschaft) abverlangt wurde, wirkt sich bis zum heutigen Tag auf alle „zivilisierten" Gesellschaften aus.

In der Regel wurden Kinder - sie werden es zum großen Teil heute noch - mit ihren Forderungen und Bedürfnissen nicht ernst genommen. Bis zu einem gewissen Alter sehen Kinder in ihren Eltern die personifizierten Unfehlbarkeiten, die allmächtig Wissenden und die liebenden Wahrhaftigkeiten. Sie wissen instinktiv, dass sie ohne ihre Eltern nicht überleben können, weshalb ihr Streben stets dahin geht, Papa und Mama zu gefallen, den beiden geliebten, wichtigsten Personen ein gutes Kind sein zu wollen.

Viele Eltern machen gravierende Fehler, indem sie ihre Kinder auf deren Weg zu deren selbstbewussten Persönlichkeitsbildung nicht genügend unterstützen. Sie versäumen es, ihren Nachwuchs auch in kleinen Dingen zu loben, sie trauen ihren Kindern nichts zu, sie bringen ihnen zu wenig Vertrauen bei den zu erfüllenden Aufgaben entgegen, sie motivieren sie nicht, auch Fehler machen zu dürfen, und sie zeigen ihnen nicht, dass sie auch bei Fehlleistungen ihrer geliebten Kinder diese immer noch lieb haben und sich emotional nichts an ihrer Beziehung zueinander ändert, auch wenn es schlimme Dinge sind, die passiert sein mögen.

Im Gegenteil – viele Eltern nützen in der Erziehung ihrer Kinder deren natürliche „Schwäche" mehr oder weniger stark aus. In der Kindererziehung wird im schlimmsten Fall von Eltern sogar emotionaler Missbrauch betrieben, um Kinder ausschließlich nach ihren egoistischen Vorstellungen zu formen und zu disziplinieren. Das geht bis zum Liebesentzug bei vermeintlichen Fehlleistungen des Nachwuchses (die schlimmste und nachhaltig prägendste Form der Erziehung). Und das unter dem Deckmantel, nur das Beste für ihren Nachwuchs zu wollen. Die meisten Eltern meinen es damit sogar ernst. Diese Eltern wissen es nicht besser, was es den Kindern und der Gesellschaft für die Zukunft nicht leichter macht.

Für die meisten Gesellschaften ist es nicht gut, dass die Eltern ihre Kinder in der gleichen falschen Weise erziehen, wie sie es in ihrer eigenen Erziehung erfahren haben. Das bewirkt, dass sie ihre frustrierende gesellschaftliche Stellung zu kompensieren versuchen und den eigenen Kindern gegenüber nicht als Freund, sondern eher als Chef (big Boss) entgegentreten. Noch schlimmer ist es, wenn Eltern als Erzieher ihrer Kinder praktisch ausfallen und das Erziehen der Schule – die das gar nicht leisten kann – oder der Straße überlassen und die Straße kann, in ihrem Sinne, hervorragend und effizient erziehen. Dass Eltern ihr Ohnmachtsgefühl, ob ihrer „obrigkeitsabhängigen Stellungen" in der Gesellschaft, auf ihre Kinder übertragen, bewirkt die gleiche falsche persönliche Konditionierung, die ein hohes Selbstwertgefühl verhindert.

Das Arbeiten im Niedriglohn-Sektor und die demütigende Bittsteller-Position, trotz eines Fulltime-Jobs Unterhaltsgelder bei den Job-Centern beantragen zu müssen, beweisen eindeutig, dass das mangelnde Selbstwertgefühl der Betroffenen diese und andere „Schweinereien“ erst möglich machen.

Wie weit kämen ausbeuterische Unternehmer (private, öffentliche und kirchliche), wenn die Mitarbeiter sich weigern würden, für Hungerlöhne ihre Wohnung zu verlassen? Wie weit käme die Politik mit ihrer für einen Großteil der Bevölkerung ungerechten Gesetzgebung, wenn sie es mit Personen mit einem ausgeprägten Selbstwertgefühl zu tun hätte?

Die einstigen Leistungsträger der Gesellschaft – die Rentner – würden sich nicht mehr als bloße Kostenfaktoren, sondern vielmehr als von allen zu respektierende Menschen behandelt wissen. Sozialhilfe-Empfänger und alleinerziehende Mütter und Väter würden sich nicht mehr als Menschen zweiter Klasse behandeln lassen!

Als Voraussetzung, um das alles zum Positiven zu ändern, gilt es, eine neue Erziehungsphilosophie in die Köpfe der Gesellschaften zu bringen. Zuerst in die Köpfe der Eltern und der Erzieher, und dann in die Köpfe der Kinder einer Gesellschaft. – Ich habe kaum Hoffnung, dass das gelingen wird, es sei denn, die Menschheit würde durch äußere Einflüsse dazu gezwungen.

Kirche, Politik und Kapital behandeln einen Großteil der Bevölkerung als unmündige Idioten und das in allen Gesellschaftsordnungen. Es spielt keine Rolle, ob sich die Gesellschaftsordnung als Demokratie, Gottesstaat, Kommunismus, Sozialismus oder sonst wie definiert. Das Kernproblem ist die Realität, aus der heraus regiert wird.

Erschreckende Tatsache ist, dass hohe Würdenträger und Politiker in dreister Art und Weise Lügen verbreiten und eigene Zirkelschlüsse als Standpunkte vertreten, die keiner Prüfung standhalten. Manipulative und falsche Äußerungen sich als Massenmeinung durchsetzen - nur weil nicht oder zu wenig widersprochen wird, gefährliche Sachverhalte und Fakten verniedlicht oder gar ignoriert werden, sich Medienvertreter und ganze Medienkonzerne – aus opportunen Gründen - als **nützliche Idioten** für Führungspersönlichkeiten- Parteien und Konzerne prostituieren!

Beten hilft sicher nicht!

Eine Veränderung der jeweiligen Gesellschaftsordnung ist nur durch Revolution, und nicht durch Beten zu erreichen. Was nicht heißt, dass Revolutionen blutig sein müssen, wie z. B. Mahatma Gandhi und das Volk in der DDR 1989/1990 gezeigt haben. Wenn aber an der kapitalistischen Gesellschaftsordnung festgehalten werden muss, dann ist ein Paradigmenwechsel bei einigen demokratischen Definitionen im Verständnis der Führungsschicht dringend erforderlich. Soziale Unruhen werden sich bei einem „Weitermachen wie bisher“ nicht vermeiden lassen. AfD und PEGIDA sind sicher nur Vorboten!

Refeudalisierung der Gesellschaft durch Abhängigkeiten schaffen.

An den Globalisierungsmaßnahmen Ende des 20. und Anfang des 21. Jahrhunderts sind Bestrebungen, feudale Strukturen auch und gerade in den westlichen Demokratien, sowohl in der Politik als auch in der Wirtschaft zu verschärfen und zu festigen, für jeden ersichtlich. Der offene Schulterschluss zwischen Politik und Religion hat keinen anderen Sinn als feudale Strukturen immer wieder aufs Neue zu zementieren. Der Souverän hat durchaus realisiert – und das nicht erst seit heute –, dass er nach Strich und Faden belogen wird, und es waren und sind in erster Linie Politiker, auch religiöse Politiker, die das Lügen (nicht erst seit heute) „salonfähig" gemacht haben. Allein das ist schon Grund genug, diese „unsere" Gesellschaftsordnung zu revolutionieren.

Um zu verdeutlichen, wie verlogen unsere Gesellschaft ist, und wie wichtig gesellschaftliche Reformen jetzt sind, erlaube ich mir, weiter auszuholen. Ich erachte es als angebracht, kurz an eine sehr wichtige Tatsache der Zeitgeschichte vor der sogenannten Aufklärung, im Absolutismus, zu erinnern.

Im Absolutismus galt: „Schuldhaft war unter anderen derjenige, der selbstherrlich handelte, ohne sich von seinen geistlichen und weltlichen Herren leiten zu lassen".

Auch den Geistlichen gegenüber war der Untertan Rechenschaft über sein Denken schuldig. Hat er etwa kritische Fragen über die Schöpfungs- oder Entstehungsgeschichte der Bibel gestellt, wurde ihm gesagt, dass ihm Fragen darüber nicht zustehen würden. Er hat bis zum heutigen Tag gefälligst zu glauben, was ihn die Institution Kirche lehrt. Er hat nicht nur zu akzeptieren, dass er verbrecherisch indoktriniert wird, er hat auch zu akzeptieren, ***wie*** er indoktriniert wird.

„Die Grenzen der Vernunft" ermittelte Kant systematisch mit seiner *Kritik der reinen Vernunft*. Er sieht in der Vernunft trotz dieser Grenzen die bedeutendste Eigenschaft des Menschen, besonders im Hinblick auf die Ermöglichung eines praktischen

Prinzips der Ethik oder Moral. Aufklärung versteht er als „Ausgang des Menschen aus seiner selbst verschuldeten Unmündigkeit“, wobei jene Unmündigkeit „das Unvermögen, sich seines Verstandes ohne Leitung eines anderen zu bedienen“ gemeint ist.

Wie oben an dem Beispiel Immanuel Kants bereits angedeutet, hat dieser „große Denker“ darauf hingewiesen, dass jemand dann SCHULDHAFT handelte, wenn er selbst nachdenkend, auf eigene Erkenntnis artikulierend, kurz, eigenverantwortlich zu „leben“ versuchte.

Exkurs: Zugegeben, aus heutiger Sicht ist es kaum vorstellbar, dass der Brotherr/Arbeitgeber bestimmte, was ein Untergebener denken durfte und was nicht. Hat der Leibeigene etwas getan - was er zuvor ja gedacht hat – oder anders ausgedrückt, als es dem „Brotherren“ gefiel, hat er sich schuldig und somit straffällig gemacht. Drastische Strafen waren an der Tagesordnung. Da kam es vor, dass er/sie wegen einer unbedachten Äußerung (die konnte noch so wahr sein) sogar das Leben verlor. Jeder Leser, jede Leserin kann an den Geschehnissen, die sich aktuell in vielen Teilen der Welt – stellvertretend seien hier nur der IS, Saudi Arabien und auch Russland genannt - abspielen nachvollziehen, dass es heute noch genauso gefährlich sein kann, politische Machthaber zu kritisieren. Den kleinen Widerspruch in diesem Absatz lasse ich absichtlich so stehen.

Sehr deutlich zu erkennen sind die Refeudalisierungsbestrebungen von Politik und Wirtschaft aktuell in Deutschland. Die zuvor näher beschriebene Agenda 2010 ist ein klassisches Beispiel dafür: Welchen Sinn – neben der

Lohnsenkung für geleistete Arbeit – sollte diese Agenda haben, wenn nicht den, das Heer der Arbeitslosen, die nicht freiwillig arbeitslos wurden, zu disziplinieren? Welchen Sinn sollten die Ein-Euro-Jobs haben, wenn nicht den, die Hartz-IV-Empfänger zu demütigen, studierten Menschen die Gartenhacke oder den Straßenbesen in die Hand zu drücken? (Diese Jobs gab es übrigens schon vorher, nur wurden sie kaum vergeben!)

Ihnen soll ihre Machtlosigkeit bewusst gemacht werden, damit sie nicht aufbegehren! Auch in diesem Bereich werden die amtlichen Sachbearbeiter als **nützliche Idioten** benützt, um die ungerechte Politik leicht umsetzen zu können, indem man diesen kleinen Bediensteten Macht gegeben hat, die sie gern ausüben, die ihnen aber, wie schon erwähnt- eigentlich gar nicht zustehen. Mit dem Aushebeln des Kündigungsschutzes und der Möglichkeit, Vollarbeitsplätze in Zeitarbeitsplätze und geringfügige Beschäftigung zu verwandeln, wurde den Arbeitgebern faktisch die Position, der Stellenwert des früheren „Brotherrn“ zurückgegeben.

Eine bewusst falsch eingesetzte Begrifflichkeit!

Schon die Begriffe Arbeitgeber und Arbeitnehmer sind falsch besetzt: Der/die Arbeiter/in, der/die Angestellte ***geben*** ihre Arbeitskraft, sind also in Wahrheit Arbeitgeber! Der Unternehmer ***nimmt*** die Arbeitskraft des Arbeitgebers bzw. der Arbeitgeberin, er ist also der eigentliche Arbeitnehmer! Die Falschbesetzung/Umkehrung dieser Begriffe ist ein psychologisch perfides Kalkül! *(Über Beamte/innen, die eigentlich* ***dienen*** *(Dienstverhältnis) sollen, muss hier nicht gesondert referiert werden.)*

Der Unternehmer gibt Arbeitgebern nicht Arbeit, damit diese sich Brot kaufen können; es ist ihm sogar ziemlich egal, ob Arbeiter/Angestellte ihren Lebensunterhalt mit ihrem „Verdienst" bestreiten können, wie der Niedriglohnsektor und die Zeitarbeitsverträge (Minijobs) eindeutig beweisen. Der Unternehmer nimmt die Arbeitskraft der eigentlichen Arbeitgeber zum Anlass, den Profit für sich und seine Firma/Familie zu steigern, um dann seine automatisch generierte Machtposition noch schamloser und feudaler auszunutzen.

Was anderes soll es bedeuten, wenn ein MdB des Landkreises, in dem ich wohne, sogar einem „widerspenstigen" Landrat und Parteifreund vorwirft, „in die Hand zu beißen, die ihn füttert" – nur, weil dieser Landrat eine unbequeme Wahrheit ausspricht?

Verbotene Wahrheiten / Verbote

Bis zum heutigen Tag sind es Wahrheiten, die verboten werden. Man schaue sich die Verbote gegen Andersdenkende, die dann u. U. zu Aufständischen oder Terroristen werden, rund um den Erdball an. Mit dem Begriff Terroristen wird international sehr inflationär umgegangen. Wenn z. B. Einheimische gegen Besatzer kämpfen werden auch sie oft vorschnell als Terroristen bezeichnet. Es sind Verbote, mit denen sich die Machthaber an ihre Macht klammern. Geistliche Führer leiten ihren Anspruch auf die Macht über die Gläubigen fast ausschließlich durch Verbote ab; ich denke nicht, dass ich darauf näher eingehen muss.

Wichtige Wiederholung!

Es ist umso fataler, dass der heutige Mensch - ohne dieses ungeschriebene Gesetz - noch immer einer gewissen Obrigkeitshörigkeit nachhängt und sich Unverschämtheiten, Ungerechtigkeiten und Diskriminierungen gefallen lässt, die sogar so weit gehen, dass er sich oft sogar ungerechtfertigt kriminalisieren lässt. Er sieht sich zum Beispiel dem pauschalen Vorwurf des Sozialgeldmissbrauchs ausgesetzt, etwa bei einer zu großen Wohnung eines Arbeitslosengeld-II-Empfängers, obwohl ein bezahlbarer, „angemessener" Wohnraum für ihn gar nicht vorhanden ist.

Substanzungebundene Abhängigkeiten

Nicht zu unterschätzen sind die vielfältigen Abhängigkeiten, denen wir alle ausgesetzt sind und die einen Großteil unserer Probleme – immer wieder aufs Neue – generieren.

Mit der wirtschaftlichen bzw. finanziellen Abhängigkeit z. B. lässt es sich sehr effektiv und höchst unverblümt manipulieren, nicht nur Regierungen sind dabei Meister ihres Fachs. Auch Unternehmen und Privatpersonen nutzen die geschaffenen Abhängigkeiten von betroffenen Menschen schamlos aus. Bei dieser Ausnutzung entstehen oft gewisse, nicht selbstverschuldete, Unmündigkeiten, deren Tatsachen sich diese abhängigen Personen u. U. durchaus bewusst sind, sie aber nichts dagegen unternehmen können, weil es Sachzwänge - ohne noch größeren Schaden anzurichten - nicht zulassen.

In Folge solcher psychologischen Abhängigkeiten werden von Regierungen erwachsene – durchaus auch mit beiden Beinen im Leben stehende – Bürger wie eine unmündige Masse behandelt, indem man sie derart bevormundet und diszipliniert, dass sie sich nicht trauen, aufzubegehren. Denn sie wissen: In der Gesellschaft werden sie als unterprivilegierte Menschen (Menschen zweiter Klasse) und – in erster Linie – als Kostenfaktoren wahrgenommen.

Die wenigen mutigen Bürger, die sich solche Behandlungen nicht gefallen lassen, müssen das mit dem hohen Risiko von dauerhaft gegen sie gerichteten Benachteiligungen allein ausfechten. Sie haben keine Lobby, und sie werden sich auch keine nennenswerten Lobbys aufbauen können. Selbst wenn sie sich zu Interessensgemeinschaften zusammenschließen, werden diese Gruppen kaum Unterstützung etwa durch die Massenmedien bekommen können.

Verantwortliche, sogenannte „unabhängige“ Journalisten und Redakteure, sind meist darauf bedacht, es sich mit „Obrigkeiten“, auch und gerade in ländlichen Gebieten, nicht zu verscherzen. Den meisten dieser Zeitgenossen fehlt es schlicht an Courage! Auch von diesen Opportunisten werden Ungerechtigkeiten gewissenlos in Kauf genommen. Selbst wenn diese Personen bei ihrer Unterlassung vorgeben, nicht gegen die eigene Intelligenz handeln zu wollen, weil sie ja eventuell Nachteile zu erwarten hätten, wenn sie sich für Benachteiligte stark machen würden, bleibt es ein „Einfach-Wegschauen“ und ein „Sich-Mitschuldig-Machen“, das dazu beiträgt, eine gerechtere Gesellschaft zu verhindern.

Im unternehmerischen wie im privaten Sektor geht dieser unwürdige Umgang mit Menschen soweit, dass sich Chefs etc. als Vormund bzw. als Erzieher aufspielen und ihre Bediensteten wie unmündiges Pack behandeln. (Die Obrigkeiten, der Klerus und der Geldadel lassen grüßen! Immer noch)!

Es wird fatal, wenn bei Menschen zusätzlich eine asthenische Persönlichkeitsstörung (extrem hohe emotionale Abhängigkeit) zu diagnostizieren ist. Selbst wenn in der Psychologie von weniger als einem Prozent (aktiv-dependenter incl. passiv- dependenter) betroffener Menschen in der Bevölkerung ausgegangen wird, so sagt das nichts über das enorme Gewicht der substanzungebundenen Abhängigkeiten aus, die m. E. zu wenig Beachtung in unserem täglichen gesellschaftlichen Leben finden.

Viele substanzgebundene Abhängigkeiten, werte ich als meist selbstverschuldete Abhängigkeiten, sie gehören oft in den Bereich der medizinischen Abhängigkeiten, die ich aus mangelnder fachlicher Kompetenz nur am Rande erwähnen möchte. Was mein persönliches Rechtsempfinden bei dieser Art der Abhängigkeiten sensibilisiert, ist die Tatsache, dass z. B. substanzgebundene Abhängigkeiten oft ungerechtfertigt zu Strafminderung, bei der Strafverfolgung vor Gericht führen. Es erschließt sich mir nicht wirklich, dass ein unter Einfluss von Alkohol stehender Mensch für eine Straftat – auch und gerade, wenn es ein Kapitalverbrechen war, dessen er sich schuldig machte - mit Milderung des Strafmaßes Seitens der Justiz rechnen kann.

Sind es nicht die übermäßig vielen Abhängigkeiten, die unser Leben maßgeblich bestimmen, oft negativ beeinflussen und bei manchen Menschen sogar zu Realitätsflucht, Wirklichkeitsflucht (Eskapismus) führen?

Schon die Aufnahme von fester und flüssiger Nahrung mit ihren Beschaffungsproblemen führt in absolute Abhängigkeit, auf die sicher nicht wirklich näher eingegangen werden muss.

Um am Leben zu bleiben, sind wir von Geburt an auf Wasser und Nahrung angewiesen und lebenslänglich von deren regelmäßiger Aufnahme abhängig. Wir müssen arbeiten und Geld verdienen damit wir uns unsere Nahrung beschaffen können. Das führt in vielen Erdteilen zu enormen Beschaffungsproblemen.

Sexualität

Eine weitere absolute Abhängigkeit, der wir ausgesetzt sind und die nicht minder große Probleme bereitet, ist unsere Sexualität.

Unsere Sexualität ist der „Lebenszweck", der uns am meisten und nachhaltigsten lenkt und beeinflusst. Und genau diese unsere Sexualität wird von uns am verlogensten und scheinheiligsten gepflegt. Wir bekennen uns nicht zu unseren Gefühlen, weil zum Beispiel vielen von uns schon in unserer Kindheit suggeriert wurde, dass Sexualität etwas Schmutziges sei, dessen man sich schämen muss, Gefühle, welche man nicht nach außen tragen darf. Und in der Tat gibt es Gefühlsregungen, derer man sich schämen kann, aber sie sind menschlich. Ich komme später darauf zurück!

Wer anders als die Religion machte und macht sich des Verbrechens der Scheinheiligkeit schuldig? Es erfüllt mich schon fast mit Hass, wenn ich an die „religiösen Saubermänner und Sauberfrauen“ denke, die sich der bigotten Sichtweise der Geistlichkeit bedienen, wenn es darum geht, den Stab über Menschen zu brechen, die Sexualität als ihr Dienstleistungsgeschäft betreiben, diese Dienstleistung selber versteckt aber gern und oft in Anspruch nehmen.

Es sind nicht die sich prostituierenden (Allgemeinbegriff) Damen und Herren, die als pervers bezeichnet werden dürfen. Sie, die „Huren und Stricher“ leisten einen Dienst für die Gesellschaft, der mit Geld fast nicht zu bezahlen ist. Was wäre nachts auf den Straßen, in den Parks, den dunklen Gassen etc. in unseren Städten los, wenn es diese Damen und Herren nicht gäbe? Unsere Gesellschaft muss diesen „Berufsstand“ gebührend anerkennen und endlich für „normale“ Arbeitsverhältnisse für diese Personen sorgen!

Dieser „Berufsstand“ ist für eine Gesellschaft wichtiger als manche anerkannten Lehrberufe, obwohl es auch hier ohne Lernprozesse nicht geht.

Der Zuhälterei und der Zwangsprostitution würde weitgehend das Wasser abgegraben, wenn diese Gruppe von den Mitmenschen die längst fällige gesellschaftliche Anerkennung bekäme.

Zurzeit wird aber darüber nachgedacht, die Freier zu bestrafen, wenn sie die Dienste einer Zwangsprostituierten in Anspruch nehmen. Welcher weitere Schwachsinn da wieder versucht wird, festzumauern, ist kaum zu glauben. Wer glaubt, dass eine Zwangsprostituierte ihrem Kunden sagt, dass sie ihre

Tätigkeit unter Zwang ausübt, lebt nicht in dieser unserer Welt. Die Frau, die das wagt, würde es wahrscheinlich nicht überleben.

Es sind auch nicht die Freier (Allgemeinbegriff), die als pervers bezeichnet werden dürfen. Keine Frau, kein Mann sollte sich einbilden, als Einzige/r auf „ewig" für den Partner sexuell attraktiv zu bleiben, und wenn wir ehrlich zu uns selbst sind, ist das auch gar nicht erwünscht. Wo die Abwechslung fehlt, geht das Interesse verloren! Auch und gerade in der Sexualität hat diese These ihre feste Wahrheit.

Ich als heterosexueller Mann schaue mir natürlich gerne spärlich bis unbekleidete Damen an. Ich käme mir dämlich bis abnormal vor, wenn das nicht der Fall wäre, und zwar unabhängig davon, ob ich verheiratet bin oder nicht. Ich weiß, dass es in der Damenwelt ganz genauso ist. So wie ich weiß, dass ich nicht das NON PLUS ULTRA unter den Männern bin, wissen auch die meisten Damen, dass sie nicht das NON PLUS ULTRA unter den Frauen sind. Das heißt aber doch nicht, dass sie nicht geliebt werden, wenn ihr Partner auch eine andere Frau, einen anderen Mann anziehend findet.

Männer interessieren mich überhaupt nicht, ich mag sie so gar nicht. Soll ich mich deshalb mit meiner Meinung verstecken? Warum gehen Männlein wie Weiblein (auch Paare) so gern auf ganz normale Partys? Warum verkleiden/maskieren sich erwachsene Menschen so gern auf Halloween- und Faschingsfesten? Warum werden Pornofilme von Mann und Frau so gern konsumiert? Warum werden sexistische Fotos in der Konsumwelt (Werbung) so zahlreich eingesetzt? Wenn Sie als Leserin sich diese Fragen schonungslos ehrlich beantworten, dann muss ich hier keine weiteren Ausführungen darüber schreiben.

Hier geht es nicht darum, sich Appetit zu holen. Hier geht es darum, zu testen, wie attraktiv man für andere Personen ist. Hier geht es darum, Ausschau zu halten. Dass Personen weiblichen Geschlechts sich manchmal gern selbst belügen, ist eine Tatsache, die mir das Leben beigebracht hat.

Sexuelle Monogamie wird zwar gefordert, aber in den seltensten Fällen wird sie tatsächlich durchgehalten. Warum? Sexuelle Monogamie ist meines Erachtens so völlig gegen die menschliche Natur gerichtet, wie es zum Beispiel auch die kommunistischen und anderen „wichtigen" Gesellschaftsideologien für das menschliche Zusammenleben schlechthin sind.

Wenn der/die Partner/in, aus welchen Gründen auch immer, seine/ihre sexuellen Bedürfnisse mit dem Partner/der Partnerin nicht befriedigen kann, ist es für das weitere Zusammenleben des Paares und unter Umständen sogar für den Fortbestand einer Familie auch von gesellschaftspolitischem Vorteil, dass es die Triebbefriedigung auf einer anderen, vom Geld bestimmten Ebene gibt.

Die Geldlastige Sexualbefriedigung sollte für beide Geschlechter keinen negativen Nachhall haben.

Der Ausspruch, „er/sie hat mich betrogen", ist oft so falsch, wie er dumm ist, wobei nicht verleugnet wird, dass Betrug auch auf dieser Ebene vorkommt. Aber auch hier ist der verlogene Umgang der Paare untereinander Ursache für die meisten Probleme.

Es ist eben ***nicht*** so, dass man mit dem Partner über alles reden kann, auch wenn ER/SIE das mit Nachdruck behauptet! Die Aussage, „du kannst mit mir über alles sprechen", ist meistens nur einseitiger Natur. Gemeint ist meist nur: „Du mit mir JA, ich mit dir lieber NICHT!" – Und wenn dann auch noch Kalkül dahintersteckt, etwa bei einem Partner mit asthenischer Persönlichkeitsstörung, ist eine dominante Unterwerfung vorprogrammiert und meistens beabsichtigt.

Man macht sich gerade dem jeweiligen Partner gegenüber so extrem angreifbar und verletzlich, dass man es besser sein lässt, sich ihm in allen Dingen zu öffnen, auch weil man dann wirklich ihm gegenüber „nicht ganz dicht" ist.

Mit einer fremden Person über die eigenen intimsten Gefühle/Neigungen zu sprechen, ist wegen des anonymen Raumes, in dem man sich bewegt, viel einfacher, als dies mit dem geliebten Partner möglich ist. Wenn mir jetzt ein Mann, eine Frau entgegnet: „Wenn man einander wirklich liebt, dann muss man über alle intimen Themen sprechen", dann antworte ich: „Wenn es dir während deines Lebens gelingt, dich ausschließlich in deiner heilen Welt zu bewegen, dann gratuliere ich dir von Herzen!"

Grausamkeit und Sexualität

Es sind jene Personen, die sich an der Prostitution schmarotzend bereichern, die sehr wohl als pervers zu bezeichnen sind. Das sind die Zuhälter, die Frauen und Mädchen perfide und/oder gewaltsam in die abhängige Prostitution zwingen. Diese Schmarotzer sind auch im Sinne der

Psychoanalyse pervers. Aber auch die oben genannten „Saubermänner" sind als pervers zu bezeichnen, die sich erdreisten, voller Empörung Gesetze zu fordern, die Prostitution in einer sauberen (ordentlichen) Wohngegend verbieten, weil Kinder in negativer Weise mit der Sexualität in Kontakt kommen könnten.

Selbstverständlich bedürfen unsere Kinder eines besonderen Schutzes, auch gegen allzu frühen Sexualkontakt. Sie sind aber vor allem vor verwerflicher negativer Sexualität zu schützen. Unsere Kinder werden sehr früh mit Kriegsspielzeug und mit Mordwerkzeug in Berührung gebracht. Kinder wissen sehr genau, was man mit einer Pistole, einem Messer, einem Säbel etc. anstellt, auch wenn sie aus Plastik oder Holz sind, nämlich Menschen töten!

Die „negative Seite" der menschlichen Sexualität hingegen wird hinterhältig zur Schau gestellt. Denken Sie nur etwa an die zig-fachen, brutalen Verstümmelungen und Morde in unseren täglichen TV-Programmen! Da wird gefoltert, erschlagen, erschossen, erstochen, erhängt, es werden sogar Menschen bei lebendigem Leib mit Brandbeschleuniger übergossen und angezündet oder gar mit Kettensägen zerlegt. Ganz zu schweigen von den brutalen Prügelszenen gegen Frauen und Schwache, die jeder täglich vorgeführt bekommt. Auf dieser Ebene wird der Gesellschaft einiges zugemutet und zugestanden. Das alles soll ohne Folgen für die immer rasanter um sich greifende Verrohung unserer Gesellschaft geblieben sein und weiter bleiben?

Man kann sogar unterstellen, dass mit der Tolerierung dieser virtuellen Gewaltexzesse auf perfide Art und Weise die Jugend für künftige gewalttätige Auseinandersetzungen (Schlachtfelder) vorbereitet wird.

Vor Nacktszenen, vor Sexszenen, vor „pornographischen" Szenen müssen unsere Jugendlichen geschützt werden, obwohl sie zur ganz normalen Liebe gehören und eine innige, feste Liebesbeziehung überhaupt erst ausmachen. – Das ist wirklich KRANK!

Aber auch hier ist die hinterhältige Absicht klar erkennbar: Aufgestaute, unterdrückte, sexuelle Befriedigung führt zu erhöhter Aggression, sowohl beim Mann als auch bei der Frau, eine Aggression, die sich die obengenannten Exekutiven (Militär, Polizei etc.) zunutze machen.

Die seit jeher gewalttätige amerikanische Gesellschaft hat es nicht zuletzt dem verlogenen amerikanischen Puritanismus zu verdanken, dass ihre patriotischen Militärangehörigen immer wieder zu haarsträubenden Gräueltaten fähig sind.

Ja, auch in westlichen Demokratien werden die niedrigen Triebe von Menschen bedenken- und gewissenlos für verachtungswürdige Zielerfüllungen genutzt und missbraucht, so, wie sie andererseits befriedigt werden, wenn es der jeweiligen Sache dient!

Sicher, es ist klar, dass kein Militär, keine Polizei, kein Geheimdienst und keine andere Exekutive dieser Welt für ihre zu erledigenden Aufgaben „Weicheier" brauchen kann. Im Gegenteil, es werden in allen Gesellschaften der Erde „normal veranlagte Menschen“ als **nützliche Idioten** zu Hardlinern und Tötungsmaschinen ausgebildet.

Und diese „dann“ Killer werden nicht benötigt, um das Vaterland vor bösen Angreifern zu verteidigen. Diese Spezies werden fast ausschließlich gebraucht, um ***ökonomische Interessen*** durchzusetzen, und das alles im Namen demokratischer Freiheit, religiösen Glaubens und der politischen Ideologie!

In kriegerischen Auseinandersetzungen sind Gräueltaten der eigenen Kampftruppen **erwünscht.** Es ist sogar Blutrausch **erwünscht**, wobei bei manchen unserer Zeitgenossen, wenn ihnen endlich die Macht gegeben wird, nach der sie schon lange hungern, sich schon die eigene Existenz als Problem herausstellt, nämlich dann, wenn diese Personen ausschließlich triebgesteuert durchs Leben gehen! (Siehe dazu den Abschnitt über die seelischen Instanzen.)

In kriegerischen Auseinandersetzungen werden auch in demokratischen Gesellschaften gerne hoch kriminelle Gewaltverbrecher amnestiert und für bestimmte, zu ihrer Veranlagung passende Aufgaben bewaffnet!

Wie schon Friedrich von Schiller sagte: „… doch wehe, wenn sie losgelassen!“. – Bedenke immer: Triebe sind vielleicht beherrschbar, aber sie sind nicht abschaltbar!

Ein destruktives Verhältnis zu unseren Mitmenschen (größtenteils sexuell gesteuert) ist nicht dazu angetan, dass wir Menschen uns im zwischenmenschlichen Bereich mit Ruhm bekleckern. Die Gefühle Rachsucht und Schadenfreude sind den allermeisten Menschen schon im Kindesalter begegnet.

Doch der erotische Aspekt der Bestrafung, der körperlichen Züchtigung (Folter), bis zur Hinrichtung wird verdrängt und in der Öffentlichkeit sogar geleugnet, wohl wissend, dass dieser Aspekt in unserer Sexualität allgegenwärtig ist.

Auf die öffentlichen Hinrichtungen vom Altertum bis zum heutigen Tag, die allesamt gut besucht waren und noch immer gut besucht sind, muss nicht extra hingewiesen werden.

(Zur Hinrichtung des Schinder-Hannes und seiner Gefolgsleute kamen rund 30.000 Zuschauer!)

Ich erinnere in diesem Zusammenhang an die heute noch volksbelustigenden Stierkämpfe in „zivilisierten“ Ländern. Da fließt – gerade was die Damenwelt betrifft – nicht nur Stierblut. Schauen Sie einmal bei Boxkämpfen in die Augen der Zuseher und Zuseherinnen! Sie werden bei nicht wenigen Menschen freudig erregte Gesichter entdecken, wenn sich zwei „Kämpfer“ die „Birne“ voll hauen.

Schon die übermäßig vielen gewaltexzessiven Filmproduktionen, die gern konsumiert werden, beweisen meine These zur Genüge.

Wenn ich weiß, dass Soldaten einer regulären Armee eines westlichen, demokratischen Landes sich nach einem Kampfeinsatz mit strahlend lächelnden, glänzenden Augen zum Beispiel mit abgetrennten Körperteilen von gefallenen Gegnern fotografieren lassen und diese Fotos an Kameraden ihrer Einheit in die Heimat posten, dann weiß ich auch, dass dieser Wahnsinn während meiner Lebenszeit wohl kein Ende finden wird.

Das alles bildet dennoch keinen Grund, gleichgültig zu werden und alles hinzunehmen, um die Realität auszuhalten!

Ihr hattet euch noch nicht gesucht: da fandet ihr mich.

So tun alle Gläubigen; darum ist es so wenig mit allem Glauben.

Nun heiße ich euch mich verlieren und euch finden".

Friedrich Nietzsche (Antichrist)

[1]Foucault begreift den modernen Staat nicht in erster Linie als eine institutionell-administrative Struktur, sondern vielmehr als „eine verwickelte Kombination von Individualisierungstechniken und Totalisierungsverfahren“.

[2]Die **Illuminatenorden** (lat. illuminati „die Erleuchteten“) war eine Geheimgesellschaft mit dem Ziel, durch Aufklärung und sittliche Verbesserung die Herrschaft von Menschen über Menschen überflüssig zu machen. Sie wurde am 1. Mai 1776 vom Philosophen und Kirchenrechtler Adam Weishaupt in Ingolstadt gegründet und existierte nur bis zu ihrem Verbot 1785 im Kurfürstentum Bayern (Wikipedia). Es wundert sicher niemanden, dass dieser Geheimbund verboten wurde.

[3]Wolfgang Bittner: DIE EROBERUNG EUROPAS DURCH DIE USA / Gabriele Krone-Schmalz: Russland Verstehen / Nachdenkseiten im Internet

[4]Grundannahmen der Moderne sind abzulehnen, weil sie – trotz aller Verbesserungen – die hierarchische Struktur der Gesellschaft (Feudalherrschaft) nicht antasten.

[5]Die individuelle, reale, momentane, soziale Situation, aus der heraus gedacht, gehandelt und eventuell auch nicht. gehandelt wird.

Nachwort

Mit Ausschlaggebend für das Ihnen vorliegende Buch ist die unverhältnismäßige Sozialpolitik aller im deutschen Bundestag vertretenen demokratischen Parteien.

Unter dem Deckmantel der Globalisierung wurde dem hemmungslosen Kapitalismus die Tür ganz weit aufgehalten. Dass die Kapitalgewalt von wenigen Menschen – gemessen an der Zahl der Gesamtbevölkerung – die Richtlinien der Politik bestimmt, ist nichts Neues. Dass aber selbst Sozialpolitiker ihre Politik fast ausschließlich für diese Klientel machen und gewissenlos einen Großteil der Bevölkerung an den Rand der Gesellschaft drängen, hat nichts mehr mit deren Amtseid, "zum Wohle des deutschen Volkes" dem Land dienen zu müssen, zu tun.

Die "Behördenkultur" von Sozialämtern und Arbeitsagenturen, die seit der Agenda 2010 wieder an den Tag gelegt wird, hat absolut nichts mehr mit Bürgernähe im Sinn und macht eine neue Epoche der Aufklärung unbedingt nötig.

Den Bestrebungen, die Feudalstrukturen immer weiter auszudehnen, ist unbedingt eine klare Absage zu erteilen!

Für eine neue Epoche der extremen Aufklärung

Notizen

Notizen

Notizen

Notizen